# 從四萬到千萬的滋味

## 戴忠仁的國寶檔案2

戴忠仁◎著

藝術家

# 自序

　　這本書擷取了我在《藝術收藏＋設計》的兩年專欄而成，為何值得看？首先，乍看《從四萬到千萬的滋味》這書名，讀者可能會以為這是本理財的書，其實我也不反對，原因是很多朋友看我寫的專欄，以及我主持的電視節目《國寶檔案》，是想透過收藏藝術進行投資。這本書有些真相應該會讓讀者冷靜些，這當然是理財的首要素質之一。

　　不過，這本書也可能會讓你血脈賁張，例如〈誰陪張大千洗澡？〉這彷彿Playboy雜誌的標題，或許有可能讓人蠢蠢欲動外，其實看了內容會讓人益發佩服張大千先生的「親民」魅力。那篇文章的靈感來源就是我從拍賣會上看到大千先生的情書所致。在拍賣會上有些大藏家口袋深，可以舉著手不放而獲得樂趣，我只好靠腦袋中的資料庫從拍品中去尋找一般人忽略的「秘密快感」。

　　當然，我在書中介紹了許多價值連城的文物，但這也可以是一本勵志的書。在寫〈沒上過學的書法家〉那篇時，我真的對星雲大師非常感佩，一位十二歲就出家，一輩子沒受過學校教育的外省人，為了追求佛法和生存選擇到陌生的台灣，卻被國民黨當成匪諜關了起來，但是他脫險後至今數十年時間，我沒見過他有任何灰色思想和不滿牢騷，總是笑臉迎人。他的書法吸引我去參觀採訪，我在文中開玩笑說星雲大師是超級吸金，但益發佩服他，因為他可藉個人魅力獲得龐大善款，可是他沒放進私人口袋，卻創辦了五所以

上的大學！受惠的還包括許多西方學子。我非常喜歡星雲大師寫過的一幅對聯「眼內有塵三界小，心中無事一床寬」，可是我這俗人卻要靠慾望來寫雜誌的專欄。

　　想想肚子裡的墨水有限的我，居然能為《藝術收藏＋設計》雜誌寫專欄，我自己都覺得不可思議，我沒才學但有慾望，我指的是口腹之慾，這倒成了我寫作的觸角，例如這本書中〈尚未下咽，飢甚〉的篇章，會看到有關河豚生魚片和伊藤博文的書法；在〈就是不要純喫茶〉那篇文章，會從中國飲茶習慣談到日本小笹的羊羹與唐朝的甜點，這都是我在吃喝玩樂時的靈光乍現的素材。為了寫這些文章，我經常因為反覆查證資料需要熬夜到天明，收筆時恰好過街到對門去吃阜杭豆漿，實乃人生快事一椿。

　　在《藝術收藏＋設計》雜誌開闢專欄也好幾年了，雜誌社也曾為我出版過一本書。坦白說，我一直很擔心雜誌社的發行人何政廣先生對我的專欄內容很有意見，因為，我很少有機會和他見面，但我發現每當我們聚首時，他雖然笑容可掬但是和我說的話不超過十五句（已經比半句多了很多了），一直到最近，雜誌社願意再度為我結集成冊，讓我安心許多，也確認何先生和我一樣都是沉默寡言，拼命做事的人，希望這本書能獲得讀者青睞，這樣或許何先生和我講話就可望超過二十句了。

# 目次

# 173

# 器物卷

民眾湧進故宮排隊看的翠玉白菜

長期以來不是專家心目中的國寶

奇怪的是，內行的門道就是不熱鬧

其實欣賞藝術文物的門道與熱鬧的差別

在於生活常識與溝通角度而已

【壹】
# 抽屜裡的殘片

　　2013年11月24號香港邦瀚斯（Bonhams HK）拍賣紫砂茶壺，一只「行有恒堂」款的茶壺以484萬港元成交，現場我鄰座的朋友恰好是二十多年前經手售出該茶壺的業者，當然她不免也會有「早知如此，何必當初」的感嘆，我安慰她，曾經擁有何必天長地久，何況她當年至少還有鈔票落袋。其實我二十多年前也曾從這位朋友手中，花了二十多萬買進一把造型相同的茶壺，那也是我少數蒐購的紫砂壺。2002年台北331地震，詭異的震波竟然把我櫥櫃門和抽屜都搖晃開來，那把我喜愛的茶壺自此「音容宛在」了，因為它和一些瓷器都因滑落地上而成碎片。當時我還在辦公室為新聞忙碌，回到家中幫佣已經將碎片打包，讓我目送它們隨著「少女的祈禱」聲消失在巷口。如果當年將茶壺的「屍骨」留存緬懷的話，恐怕女兒的四年大學學費都有著落了。

　　2013年的暑假，我帶大女兒去杭州「漫遊」，有一天和友人前去拜訪一位瓷器收藏家，這位老者傾其一生精力，專門收藏瓷器殘片，尤其是宋官窯殘片，當年他是因為喜好宋瓷，但無力負擔，所以四處去採集殘片，沒想到現在這滿屋子的碎瓷是奇貨可居，同行友人中的小邱是古

董業者，他問了對方一只由幾塊殘片和石膏重新組合復原的花觚可否割愛？老先生開了一個價——600萬人民幣（折合新台幣3000萬），此後一直到我們說告辭前，小邱都沒再開口。而原本看我不停翻弄一堆殘片，時而驚歎釉色，時而爭論胎土與窯口，甚覺無趣的大女兒帶著蔑視的聲調問我，幹嘛看這個？彷彿我弱智似的。當她一聽到價格後，以充滿震撼與驚訝的眼神瞄著我，彷彿他老爸都是與詐騙集團在往來。

中國文物市場高漲下，真的連殘片都值錢，過去充其量值個幾毛錢或一塊錢的明清瓷碗底殘片，現在有的可賣到人民幣幾百塊錢，若是碰上宋朝的稀有品種瓷片，價格更是翻漲。大陸很多地方都有專賣殘片的攤販市集，北京的護國寺是其中較出名的區域，有些攤販原來是上班族，後來發現瓷器殘片的獲利驚人，乾脆轉行成挖片族，到各處工地去挖掘瓷片販售，由於中國大陸近幾年建設不斷，

連帶的也造就不少挖片族鹹魚翻身,但這無本生意也曾奪走人命,因為有人在工地採集瓷片時,不幸因土坑塌陷慘遭活埋,或因在垃圾車下爭採瓷片時,被傾倒而下的磚石砸傷,這些挖片族真是要錢不要命。

最重要的一批出土的古瓷器殘片,應屬杭州附近所發現的宋官窯殘片。杭州鳳凰山東麓宋城路一帶是南宋皇城遺址,那是宋高宗趙構定都杭州後所修建的宮城禁苑。元代至元十四年(1277)皇城失火焚燒殆盡,後來成為一片廢墟。20世紀時,遺址上有軍隊房舍和杭州捲煙廠及民房,1997年當杭州捲煙廠蓋綜合大樓時,大規模的南宋官窯瓷器殘片出土,這是一項重大發現,但當時無人在乎,大批廢土由工程車連夜運至錢塘江旁的垃圾場。在那個時候,文物市場中只有宋瓷殘片值錢,據說在80年代,指頭大小的宋瓷殘片就可賣到人民幣50元,相當民工兩個月工資,因此不難想像,垃圾場的官窯碎片廢土坵,很快就被人們給淘挖殆盡,這批對研究宋瓷極具價值的殘片,有很大部分外流到海外,其中一大批被「慧眼識殘片」的台北鴻禧美術館典藏,我還曾經前往製作電視專題,對宋瓷有興趣的朋友可以向鴻禧申請參觀,甚至上手端詳。

左圖|
484萬港元成交的茶壺

右頁左上圖|
開價人民幣600萬的宋官窯破花觚

右頁右上圖|
刻有銘文的瓷碎片

右頁左下圖|
從窯址挖掘出土的青瓷洗
(重新補接)

右頁右下圖|
以黃金修補口沿的青瓷鬲式爐

自幼在美國唸書的大女兒近年來中文閱讀能力進步了，但希望她別看到這篇文章，因為杭州的老藏家在我們告退時，送了一片青瓷殘片給大女兒，我以代為保管之名順手放入我口袋，暑假早結束了，女兒也回美國了，這小塊殘片還擱在我抽屜內，當然這回抽屜上鎖了。（原文刊載於《藝術收藏＋設計》雜誌2014年1月，76期）

【貳】
# 擁抱黑金的女富豪

　　「你摸，來，你摸摸！」她邊說邊抓著我的手去撫摸她的手臂，採訪新聞近三十年，這是第一回有女性當眾主動「獻身」，被我撫摸的女性名叫陳麗華，今年七十三歲，人稱中國第一女富豪！我摸她的地點在北京的中國紫檀博物館。

　　紫檀是陳麗華的最愛！她砸了兩億人民幣蓋了這全球唯一的紫檀博物館，裡面除部分是古董家具外，其餘都是以故宮收藏為藍本而完全複製的紫檀家具，因此紋樣格式全部是宮廷風格。她的博物館聘雇了一百多人，不過，她卻沒賣過一件紫檀收藏品。

　　2013年6月4日，北京的一場拍賣會，一項〈清乾隆紫檀高浮雕九龍西番蓮紋頂箱式大四件櫃〉以9315萬元人民幣（約4億6000萬新台幣）成交，刷新中國古董家具的世界紀錄，這也顯示清朝宮廷的紫檀家具的珍貴性。而我在紫檀博物館看到了一對讓我目瞪口呆的紫檀大櫃，不是被市場價值嚇到，而是對它的出身嘖嘖稱奇，因為這對紫檀大櫃是從豬圈裡挖出來的！

　　陳麗華受家庭從事木工的影響，從小耳濡目染而喜歡上中國古典家具，尤其特別鍾愛紫檀家具。家中傳下一對

埋在地下十八年的紫檀大
櫃，風華依舊。

少有的清朝中期的紫檀木雕博古紋萬字錦地大號頂豎櫃。
她視這對大櫃為她的心頭肉，但毛澤東發動了史無前例的
文化大革命，當時所有的古玩意兒都必須交出去，許多極
其名貴的大型中國古典家具交給當局後，要不成堆的運往
山谷扔棄，要不索性一把火燒了！違者當然成為紅衛兵批
鬥和迫害的對象，有些收藏者甚至和他的古董一起「作
古」了。在那種恐怖的氛圍下，陳麗華拼命在豬圈裡挖了
一個坑，把這兩個大櫃給就地掩埋了。完全風平浪靜後，
陳麗華才讓這兩個在豬圈地下埋了十八年之久的大櫃「出

土」——不可思議的事發生了，除部分櫃身因為受水浸泡的影響而出現色差，小部分鎏金的五金配件褪色受損外，這對紫檀大櫃整體無礙，整理後又重現它的華麗風采，讓我在陳列處駐足甚久。

紫檀是目前人們所使用的樹種中硬度最高者，有人稱之帝王之木，也有人說「寸檀寸金」，這是因為紫檀成長緩慢，要花上幾百年才能成材，偏偏紫檀樹十之八九是空心的，因此可用的部位甚少，所以價格由古自今都不便宜。「渾成紫檀金屑文，作得琵琶聲入雲」這是唐朝大詩人孟浩然的一首詩，顯見唐朝時以紫檀作成的樂器多令人重視，其實文獻資料顯示，中國人在晉朝時期就已經認為紫檀作品很是珍貴。目前市面上的古典家具賣場，可以看到號稱紫檀的商品，絕大多數都不是本文中所言的紫檀，檀木大概有七十多種，嚴謹的分類下，只有小葉紫檀才能被視為正統的紫檀，目前公認小葉紫檀，主要產地集中在印度南部的邁索爾邦（Mysore）原始森林裡。印度已經禁止輸出小葉紫檀，但在暴利引誘下，現今仍是有小葉紫檀原木，從偏遠的印度翻山越嶺經尼泊爾走私進入中國。而陳麗華在二、三十年前親臨第一線去採伐紫檀木，無路時披荊斬棘前進，巨蟒在草間竄動，有一次她所乘坐的吉普車被馬蜂團團圍住，連雨刷都刷不動，視線完全擋住，車子只能緩步的在叢林裡「摸黑」行駛，直到數十公里外才擺脫馬蜂威脅，駕駛的臉部被螫了一口，發黑發腫險些喪命！

靠開發房地產致富的陳麗華在過去二十多年來，一直不斷購料並聘用師傅製作紫檀家具，而且堅持採用傳統卯榫技法，不用一根釘子。我原本對她能獲准進入故宮，並對數百件家具藏品逐一的複製圖樣一直百思不解，直到我看到博物館中居然出現前中共政協主席李瑞環親手製做的

上圖｜
筆者與陳麗華在紫檀打造
的天壇模型前合影

家具藏品才恍然大悟，李瑞環原本是木匠出身，文革時候也慘遭下放，他在閒時撿拾路上的雜木，重作馮婦製作了一系列家具，後來又鹹魚翻身成為高官，兩家有淵源下，李瑞環成為靠山支持，陳麗華自然獲得許多方便，而陳麗華言談中經常言必稱謝許多人，果然是女中豪傑。

　　本草綱目中記載，紫檀能止血、止痛、調節氣血，而天天坐紫檀椅、睡紫檀床的陳麗華更告訴我說，紫檀有抗氧化作用，所以已經七十多歲的她相當自豪自己的肌膚柔滑細嫩，「你摸，來，你摸摸！」陳麗華讓我撫摸她手臂的場景實在忘不了，因為回台後我一直怨我自己，為何沒問問這位身價1千500億台幣的女富豪，她隨伺左右的千金嫁人沒？（原文刊載於《藝術收藏＋設計》雜誌2014年7月，82期）

【壹】

# 翠玉白菜不是國寶是招財貓

103年6月下旬，八大電視台新聞部來訪問我，翠玉白菜是不是國寶？「不是，他是招財貓！」我堅定地說，看看故宮預算書，故宮預計各項藝術紀念品銷貨收入高達4億2900百萬元。過去紀錄顯示，銷售紀錄最好的 top 10 中，與翠玉白菜有關的商品占了九項。在故宮歷年設計出四千多種文創商品中，有兩百多件是翠玉白菜文創品。要是故宮把所有白菜搬出來，全民有機會不用繳二代健保費了，因為台北故宮有三件翠玉白菜！

不論幾次的民意調查，翠玉白菜始終是十大國寶的第一名。這棵白菜是由翠玉琢碾而成，翠綠的菜葉上還有兩隻昆蟲，一隻是螽斯（俗稱紡織娘）、一隻是蝗蟲（中國人認為這兩種昆蟲代表著多子多孫的意思）。從文物的歷史價值與藝術創作的文化精神內涵來看，翠玉白菜當然遠遠不如故宮庫內絕大部分寶物，它在故宮的級別只是重要古物，故宮曾經一度表示不反對文化部將翠玉白菜升級為國寶，但文化部的專家始終「下不了手」。不過，也無任何一件國寶的招財本領，能與翠玉白菜相提並論。我已經很久沒見著翠玉白菜了，每年有數百萬人到台北故宮，駐足最久之處就是翠玉白菜的展示區，後來台北故宮乾脆拉

右頁圖｜
台北故宮國寶翠玉白菜結束赴日展回台復工後，參觀人潮絡繹不絕，首日預計有一萬一千參觀人次。而翠玉白菜在日期間，短短兩週便吸引十五萬參觀人次。（圖版提供／國立故宮博物院）

起紅線開闢了二樓專區以應付熙來攘往的人潮，現場只見萬頭鑽動，南腔北調四起。有回我在現場製作節目，想和遊客們融合一起出場，結果攝影師就活活地把我淹沒在人潮中，拍不到我帥帥的表情，這顆人見人愛的翠玉白菜，過去是盆景的裝飾品，原本直立於一只掐絲琺瑯花卉紋四瓣盆中，陳設在清光緒帝瑾妃居住的永和宮。曾經有人說，這是光緒皇帝的妃子瑾妃的嫁妝。台北故宮總共有三件翠玉白菜，除了鎮館的翠玉白菜外，第二顆是綠黃相間的翠玉白菜，高度約13.4公分，顏色偏黃，菜葉上也有菜蟲，台北故宮人士暱稱他為「翠玉小白菜」。

白菜和草蟲是從元朝以來就流行的一項題材，不過儘管題材相同、材質也是翠玉，但是在以貌取物的大眾心理下，這顆翠玉小白菜注定要被打入冷宮！因為它的質地比不上鎮館之寶，問起台北故宮為何小白菜極少展出，相關人士倒也答得直爽：「因為它的賣相不好」。

另一顆也經常被冷落的翠玉白菜，也還在台北故宮的庫房，這顆白菜來源是紫禁城的南庫。最有趣的是，這顆白菜的中心在雕刻製作時就被刻了一個洞，因此，有人說這顆翠玉白菜原始的用途應是花插。

1950年，中國大陸的天津文物專家樂翻天了！因為他們居然在天津市財政局的一個庫房發現一顆翠玉白菜。中國大陸的翠玉白菜一顆在天津博物館，一顆在北京博物館。論起質地，天津博物館的這棵翠玉白菜沒有台北故宮的好，但是天津的翠玉白菜擁有白綠黃三個顏色，工匠大膽地選取原本應該是缺陷的黃色進行巧雕，反而更將白菜天然的感覺給寫實的表現出來。大陸人士還將這顆翠玉白菜別稱為「凍白菜」，真是太傳神了！

天津的這顆翠玉白菜菜心處有兩隻螞蟈，以及一隻螳螂，它的個頭比台北的翠玉白菜來的大，高約19.1公分。

右頁上圖｜
台北故宮的小白菜

右頁下圖｜
台北故宮翠玉白菜花插

或許是受台北故宮鎮館之寶的影響，天津博物館在2004年
花了幾億人民幣重新裝修，這座現代化博物館最顯眼的地
方，展示的就是這顆翡翠螞蟻白菜。還有一顆更精絕的翡
翠大白菜不知去向，成為歷史懸案。這顆白菜必須由慈禧
談起。1928年，孫殿英率部眾荷槍實彈進入清東陵，用炸

藥炸開了乾隆皇帝和慈禧太后的陵寢，
並將陪葬寶物洗劫一空。根據《愛月軒
筆記》，慈禧太后陪葬品中有一顆大型
翡翠白菜，綠葉白心，菜梗上還刻著一
隻振翅的螞蟻，另外還有二隻紅白相間
的馬蜂，這顆舉世絕品的翠玉白菜從此
不知去向。《愛月軒筆記》據說是慈禧
太后的寵信太監李連英所口述，內容
是有關慈禧太后的陪葬品；但學者們

追查多年，發現這份筆記和清宮檔案完全不符，《愛月軒筆記》是後人所捏造的可能性很高。目前可證實，當年故宮至少有五顆翠玉白菜，白菜寓意百財，螽斯寓意多子多孫，可是光緒帝無子嗣，《清宮檔案揭秘》中，引用當年御醫為光緒診病的原始病歷，和光緒本人口述的「病原」說：「遺精已經將近二十年，前幾年每月遺精十幾次，近幾年每月二、三次，經常是無夢不舉就自行遺洩，冬天較為嚴重。」

　　唉！翠玉白菜刻得再多，光緒帝可用的小蝌蚪也就像翠玉白菜上的蟲蟲一樣少。是要如何傳宗接代？（原文刊載於《藝術收藏＋設計》雜誌2014年8月，83期）

器物卷

【肆】

# 我沒告訴方文山的祕密

「天青色等煙雨，而我在等妳，月色被打撈起……妳眼帶笑意。」那天我邀請才子方文山來演講文創產業，他播放了一段青花瓷的MV，結果我偷偷噗哧一笑，因為我看到天青色一詞，想到之前在電視上看到的「爆笑喜劇」。

來賓：「請鑑價。」

鑑定師：「5萬元！」

接著來賓和主持人都興高采烈不已，因為當年只花幾千元買的汝窯三犧尊，現在已經增值十多倍了！事實上，那位來賓拿去鑑價的三犧尊在大陸零售價，人民幣300元還有找！

青色的釉色是汝窯最迷人之處，而汝窯是中國各窯口瓷器之首，它是北宋時期專門為皇家使用而生產，並在釉料中加入瑪瑙燒造，形成無法言喻的美色。珍貴的汝窯瓷器數量在南宋時期就已經很少，汝窯生產時間大約僅有二十年，而且不符品質標準者，窯工就地毀損掩埋。依據現有的可靠資料，專家們認為舉世留存的汝窯數量只有七十七件！擁有最多汝窯瓷器的是台北故宮，過去有二十三件，現在則是二十一件，減少的兩件是因為後來證實它們是仿品，其中之一就是三犧尊。

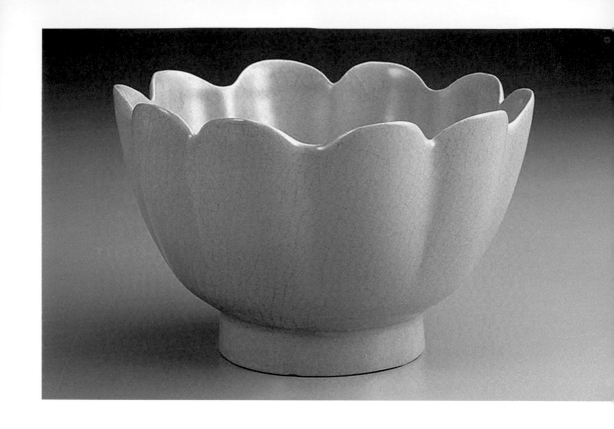

三犧尊一度是故宮赫赫有名的亮點，是全球喜好中國瓷器藝術人們所嚮往的收藏，在故宮不同版本的瓷器圖錄甚至明信片上，三犧尊都有專屬的版面。1933年，故宮挑選了一批精品去倫敦參加中國藝術國際博覽會，就是由三犧尊領頭，不過在當時就遭世界著名的收藏家大衛德爵士（Sir Percival David）質疑，他認為三犧尊的釉色不是典型的汝窯！但此後數十年，甚至故宮搬遷到台灣外雙溪之後，儘管曾出現過少數懷疑聲音，但三犧尊還是被視為汝窯的精品代表作。一直到1987年，一位上海博物館的研究員范冬青小姐參與並發現了汝窯窯址，她在編寫書籍時，開始對台北故宮的藏品起疑，沒想到第二年她因公去參訪美國大都會博物館時，居然在那裡看到了和台北故宮一樣的三犧尊，不過美國專家把那件藏品定為清代瓷器，范冬青更確信台北故宮搞錯了，於是台灣方面這才開始重新研

上圖｜
台北故宮汝窯蓮花溫碗

右頁左圖｜
台北故宮的三犧尊

右頁右圖｜
林百里2億港幣拍得的汝窯洗

究。2006年年底，號稱全人類史上最完整的一次汝窯展覽
在台北故宮開展，故宮本身二十一件汝窯國寶全員出動，
並且向英國、日本、大陸河南省借來汝窯瓷器、高麗青瓷
和考古出土的標本、窯具等，在這次有名的「大觀特展」
中，三犧尊公開陳列，但標示牌已經改為清代，台北故宮
另外一件有名的奉華尊，也已經被剔除在汝窯之外，同樣
被列為清朝作品。

　　每年我都會碰到有人宣稱有汝窯瓷器要給我鑑賞，通
常我看到的都是可向大陸下單批發的一般仿品，三犧尊當
然是其中之一。最荒唐的是，在范冬青從美國回去發表她
的觀點後的三年，台灣的《中時晚報》竟出現了一篇〈汝
窯三犧尊，五千萬港幣割愛〉的大篇幅報導，那其實是有
人要高價出貨的方法，當時我所屬的電視台本有意採訪，
被我勸阻下來，後來該新聞被以訛傳訛，竟成為二十年

前，汝窯三犧尊就已經在香港拍賣會以5000萬港幣成交，至今還有人拿著這新聞在兜售所謂他們家祖傳珍藏的汝窯三犧尊。

汝窯被撿漏的可信真實案例只有一樁，1986年有位名叫王留現的人，聽說河南寶豐縣清涼寺村有戶人家的地瓜窖塌了，並露出一件瓷器，他看了之後花600元買下了一個洗，王留現拿給當時上海博物館副館長汪慶正過目，汪慶正立即指派了范冬青去清涼寺研究，也就因此發現了汝窯遺址，揭開歷史之謎。後來汪館長對王留現曉以大義，說國寶應該捐獻給國家，又頒發5500元獎金和獎狀給王留現。這洗現在是上海博物館的鎮館之寶之一。另一個同樣是汝窯的洗，2012年4月出現在香港蘇富比拍賣會上，估價為6000萬至8000萬港幣，當天共有八位投標者競爭，從4000萬起拍，經過三十四次角逐，最終以2.0786億港元成交，這個巴掌大小的汝窯洗，刷新了宋瓷世界拍賣紀錄，買家是台灣的廣達電子老闆林百里。

王留現今年已經七十多高齡了，曾有記者去訪問並稱頌他的愛國事蹟，沒想他咬著牙說：「當時就是軟禁嘛，不獻寶就不讓走！」想到這裡，我不禁又笑了，看到台上的方文山，我趕緊又點點頭，方文山看著我貌似專注的表情講得更開心了。今天為了交稿我寫出演講當天的真相，方文山會不會和我絕交呀！？（原文刊載於《藝術收藏＋設計》雜誌2014年11月，86期）

【伍】

# 是上周不是西周

工人正採集高嶺土

2014年4月的某天，我在八大電視台錄完「寶物博很大」後，一位男士主動來梳妝間打招呼，說今天特地來請我指教的。我因為公務較繁瑣，通常錄完一兩集就離開，較難整天錄製節目，所以客氣表示遺憾，我需離開了，將由別的專家鑑賞，這位藏家告訴我，他收藏玉器多年，還親自去過大陸現場看盜墓賊如何挖掘，所以他買到的是第一手出土玉器。我一聽背脊就發涼，心想還好我不是他那場的鑑定師。

多年前，一位大陸有公職身分的朋友C君，平日愛好收藏，幾次他興沖沖地拿寶貝給另一位經營文物生意的朋友K君鑑定，結果都被否定。C君屢敗屢戰，一天他又拿出幾件玉器，很快的又被K君搖頭，「以前你說對說錯也就算了，這次我就不服氣，因為這幾件西周的玉器，他們半夜挖的時候，我就在邊上，親眼看他們從地裡扒出來的，這還假得了！」C君扯著嗓門說道。K君回應：「就是假的，沒啥好看。」

C君說當時在現場挖掘時，還看到遠方公安追來的手電筒燈光，那些盜墓賊怕了，才願意便宜賣出，否則還不能

擁有這些國寶。雙方為這西周玉器動起肝火，恰好他們兩人都知道第二天我會抵達當地，所以戰火往我這兒延燒而來。C君問我：「眼見為憑嘛！我親眼見的，他還說我這些玉是假的，難道專家就不會弄錯？」「當然會呀！」我立即回應道。並且告訴他一件十萬火急，搶救文物的往事。

距今二十年前，一位頗具知名度的大陸文物界人士在北京潘家園逛古董攤時，突然看到一尊騎馬的文官造型的陶俑，雖然有些殘缺，但是這專家認出這是北魏時期的作品，於是開口詢問價格，討價還價中，文物販子無意間透露這是不久前有人從河南盜墓取得的，喜歡的話還有些品相更好的陶俑，這專家最後付錢取貨，回去後給文物單位的同僚們瞧，大家七嘴八舌的結論是：這是北魏時期的真品！接著，包括已故國家文物鑑定委員會副主委史樹青在內的專家們聯名上書，呼籲政府應該出面搶救文物，而且應該火速行動，避免讓祖先遺留的寶物流落他鄉。國家文物局最後協調由北京故宮和國家博物館出面搜購，共買了五批、花費90多萬人民幣。文物專家們也很欣慰能對搶救文物貢獻一份心力。

奇特的是這些北魏陶俑在市面上的數量，隨著政府

上圖｜
因仿舊而出名的高水旺

右頁圖｜
高水旺仿的小型唐三彩馬
售價人民幣3450元

的搜購不減反增，而且多到價格下跌！國家文物局研判洛
陽出現超大墓群被盜挖了，發文下令嚴查到底，逼得河南
文物局長親自進京報告，真的沒發現大規模盜墓！在潘家
園賣貨的司機兼貨主被逮到後矢口否認盜墓，並稱是他下
單訂作的，結果被大刑伺候，最後線索來到洛陽農民高水
旺的家，到了現場只見屋內和屋外都是成堆的陶俑成品和
半成品，窯爐還有火呢，專家還是起疑，高水旺現場親手
做了一個陶俑，完成後專家們都成了啞巴。原來高水旺對
陶藝下過功夫，又研究過作舊技巧，而且當地的陶土來源
千百年來都是相同的。高水旺的家鄉河南洛陽市南石山
村，現在還有七十多個工廠在做仿品，一個普通新仿的唐
三彩駱駝出廠價幾百人民幣，市場有人賣到3萬6000人民
幣！大陸有藏家花80多萬人民幣買到的唐三彩也是來自石
山村，高水旺本人的唐三彩仿品已經成為高級禮品，他還
在2013年獲得中國美術工藝最高榮譽──百花獎。

　　　「所以專家也會出錯的。」我總結的說，但我接著
　　　問：「盜墓在中國最重可處死刑，盜墓賊會邀你
　　　　　參觀留下你當目擊證人？而且能事先預測
　　　　　今晚盜墓必有收穫？非專業的你
　　　　　都可以從現場全身而退，
　　　　　盜賊會怕到需要放棄
　　　　　暴利而賤賣給你？」
　　　　C君皺著眉頭問
　　　　我：「所以我這玉器不是
　　　西周的？」
　　　　我說：「不是西周，是上
　　　周的，……是上星期放進土裡
　　　的。」（原文刊載於《藝術收藏＋設計》雜誌2014
年12月‧87期）

【陸】

# 兩百年前訂貨，今天抵埠

　　有德國朋友說，有好幾年他已經不進德國的納高（Nagel）拍賣公司買東西了，因為幾次拍賣現場盡是中國人，搞得他倒成了老外，而且最重要的是中國人不停舉手，成交價格往往比他心目中的價格多出一兩個零，因此懶得去陪標。我說中國人早就認為風水輪流轉，以前中國政府曾派人去拍賣公司買東西都還坐冷板凳呢。

　　1751年的中國還是由乾隆皇帝當家，他所統治的帝國，讓西方人心儀不已，最明顯的例證就是當時熱絡的海上貿易，那一年的12月18日荷蘭商船Geldermalsen號滿載中國貨物從廣東駛往故鄉荷蘭，1752年1月3日Geldermalsen號卻在中國南海觸礁沉沒，也被人們所遺忘。船上的貨物躺在海底，兩百三十三年後才重新啟航抵達歐洲。這是因為英國的探險家麥可（Michael Hatchery）在南中國海發現了沉船，並且委託佳士得在荷蘭進行拍賣。上拍的瓷器有十六萬件瓷器和一百二十六錠金條。當時佳士得的宣傳標語是：「兩百年前訂貨　今日抵埠」。果然這項拍賣訊息很快地轟動全球。

　　當時中共駐荷蘭大使館也幾次急電北京，請示如何因應這項中國文物的專拍，最後北京當局決定派出兩位專人

右頁左圖｜
「南京貨」的金條

右頁右圖｜
海底尋寶之王的麥可

參加拍賣，一方面買回重要的文物，一方面藉此了解和研究這些當年外銷的中國古文物。這兩位專人都是中國陶瓷權威，一位是風度翩翩，學養俱佳的的已故學者馮先銘，一位是仍然健在的耿寶昌。1990年代初我在台北有幸認識馮先銘先生，他在來來飯店告訴我，那趙歐洲之行，令他終身難忘。

　　1986年4月28日，佳士得在荷蘭阿姆斯特丹的希爾頓飯店舉行這次通稱為「南京貨」（Nanking Cargo）的專拍，現場湧進五千名客人，這是前所未有的景象，不過馮先銘和耿寶昌則是貴賓中的貴賓，佳士得除指派專人負責導覽和接待這兩位來花錢的「欽差大人」外，並特別將牌號1號的標牌給他們。除了場內人聲雜杳外，場外各式各樣的名車諸如勞斯萊斯、賓利、瑪莎拉蒂等都在爭奇鬥艷，因為歐美的名流們都來了，佳士得提早做了最好的準備，一次就印製一千兩百本目錄，但沒想到除現場的五千位客人外，還有十二萬五千位的書面委託競標客戶！拍賣開始後，這群歐美紳士用了爭先恐後的態勢進行「搶購」，佳士得總共動員八位拍賣官，連續五天才拍完一共兩千八百項拍品。拍賣總成交金額超過兩千萬美金。最開心的除了拍賣公司外，就是海底尋寶成功的麥可。四年後，麥可和另一家拍賣公司又締造新的記錄。

1822年（清道光2年）1月14日，一艘中國大帆船「的惺號」（歐洲人依Tek Sing發音的翻譯，我中央研究院學者陳國棟教授認為應該是得順號，我認為應是泰興號）從廈門港出發，船上約有一千八百人，其中一千六百人是離鄉背井前去爪哇打拼的移民，但他們一輩子也沒看到爪哇，因為船觸礁沉沒了，只有百餘人生還，船上還有大批貨物。1999年麥可發現了泰興號，據說他打撈起了一百萬件的瓷器，不過，他為了保值，砸毀了六十多萬件，將三十五萬六千多件瓷器交給了納高公司進行拍賣。納高將拍賣現場設在德國斯圖加火車站，並且搭蓋了一座泰興號的船艙模型作為展廳（至今這模型還在火車站展示），還有專屬的網頁平台，納高並且挑出部分瓷器，在巴黎、倫敦、維也納等十來個城市進行巡迴展和拍賣，剩下數十萬件出水瓷器就在斯圖加火車站論堆賣！去現場的人超過六千多人，這次拍賣讓納高聲名大噪，並且也因這史上規模最大的拍賣登上金氏紀錄，納高這次專拍的行銷設計都

被認為是經典之作。不過，買家們可讓麥可不開心了，因為三十五萬件的拍品只賣出一半，最終麥可拍賣所得稅後盈餘是一千七百萬美元，但投入的打撈成本是兩千萬美元。

中國大陸也沒缺席這次泰興號的拍賣，因為許多沉船瓷器是來自福建，所以福建德化縣政府以委託的方式，競標買進了七十二件德化白瓷，又派了副縣長等三人去歐洲取貨，將白瓷護送回國，抵達廈門機場時他們幾乎成了英雄，各電視台報紙廣播的烤肉架（麥克風）一擁而上，縣政府這時覺得一人「高達」一萬人民幣的機票花得值了。

至於當年馮、耿兩位欽差大人為何對阿姆斯特丹終生難忘？他們拿著禮遇的一號標牌，從頭到尾五天都沒機會舉牌，因為每樣拍品的成交價都超過他們預期的價格，兩老懷裡揣著的三萬美金，一毛沒花。（原文刊載於《藝術收藏＋設計》雜誌 2015年3月．90期）

【柒】

# 中國的法櫃奇兵

著名的冒險電影《法櫃奇兵》描寫希特勒在世界各地召集考古學家尋找「失落的法櫃」，那是聖經中引導希伯來人與上帝交流的聖物，法櫃裡面有上帝所寫的十誡條板，也就是希伯來人和上帝的契約。

古代的中國典籍也記載著皇帝和上帝溝通的信物是板條狀，而且也放在盒櫃裡。電影中希特勒的部隊和印第安那瓊斯分頭角逐尋找法櫃，在中國真實世界裡，皇帝的法櫃是真的由一批軍人發現的，下令開挖的是有「寧夏王」之稱的軍閥馬鴻逵。聖經中的法櫃下落至今仍是謎團，中國的法櫃你天天都可看到，因為就在外雙溪的台北故宮博物院。

馬鴻逵曾經當過寧夏省主席十七年，是標準的土皇帝，現在我們使用的國民身分證雛型，就是他在寧夏開始實施的。他年輕時曾經擔任袁世凱的侍從官，由於父親在清朝時就是甘肅寧夏的軍頭，於是他順理成章的「繼承父業」成為西北馬家軍的領導人之一，另外兩大軍閥分別是馬步芳和馬鴻賓，民國初年馬家軍實際統治了甘肅、寧夏、青海，他們都是信奉伊斯蘭的回族，有趣的是馬鴻逵認為自己是漢族，他曾提出「難道信基督的都是猶太人？

右頁圖｜
電影《法櫃奇兵》的海報

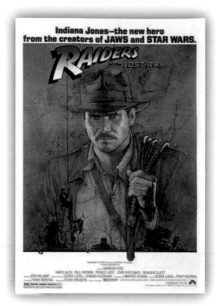

信佛教的都是印度人？」的觀點。民國初年是個兵荒馬亂的年代，幾度在北洋軍閥間變節的馬鴻逵最後歸附了蔣介石的中央勢力。1931年，中原大戰期間馬鴻逵的部隊奉命駐守在山東泰安，實際上是為制衡當時山東的大軍閥韓復榘。儘管名義上馬鴻逵的部隊是國軍，但是中央只給一小部分的經費，馬鴻逵必須自籌糧餉等所有開銷。當時曾發生了孫殿英盜掘慈禧太后陵墓、掠奪財寶的事，結果有人向馬鴻逵出主意可在泰山挖寶，馬於是對外公布要興建陣亡將士紀念碑的名義，派出大批兵力不眠不休地在泰山開挖，結果發現了人為的五色土（五種顏色的土壤：東方為青色、南方為紅色、西方為白色、北方為黑色、中央為黃色）的風水布局，馬鴻逵的士兵繼續往下挖，找到了兩個金屬盒子，各自都裝有一份玉製的簡冊，傳說中皇帝與上帝溝通的信物出現了。

　　據說當時馬鴻逵親自帶著玉冊到北京，找了兩三位重要的古董商和專家諮詢，答案都是「此乃無價之寶」，馬鴻逵給了紅包封口費，但消息仍舊走漏，此一說法頗為可信，因為當年的北平《晨報》披露了這項玉器出土消息，並認為是空前發現，因為寶貝分別是唐玄宗和宋真宗封禪泰山的玉冊。

　　「封禪」是古代中國政治制度中最盛大的一項典禮，是古代皇帝夢寐以求的儀式，「封」就是天子登上泰山築壇祭天，而「禪」則是在泰山下的小丘祭地，經由皇帝和天地對話禱告，昭告人間太平，基本上這是皇帝藉此誇耀政績、鞏固政權的方式，但封禪大典耗費巨大國庫資源，同

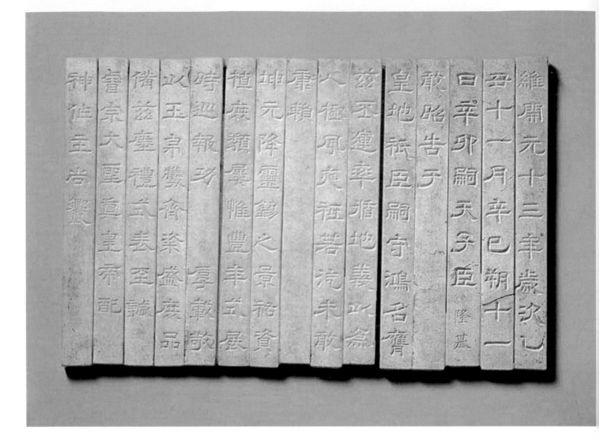

時皇帝還要有傑出的政績才能進行。因此歷史上只有十三個皇帝登過泰山祭祀，第一位進行封禪的皇帝就是首位統一天下的秦始皇。皇帝封禪時要宣讀玉冊的文書，以上達天聽，並親自跪取玉冊放入玉櫃，用金繩和金泥封好，再放入金櫃。聖經中裝十誡石板的法櫃也是用金櫃製成，中國的法櫃是用五色土封存後就掩埋在泰山地底下。聖經的法櫃就是上帝耶和華的代表，而中國的皇帝自稱天子，因此在政治上，封禪玉冊被視為具有法統的意義。唐玄宗的玉冊在宋代曾因土石流沖出而被發現，成為宋太宗的珍藏。直到宋真宗進行封禪時，一併將前朝天子的玉冊埋在泰山。

在馬鴻逵挖到寶之前，沒人知道封禪玉冊上的內容，也就是皇帝向上帝講些啥？因此充滿各種傳說。所以在史

上圖｜
唐玄宗的玉冊

右頁上圖｜
北宋真宗禪地祇玉冊

右頁下圖｜
裝宋真宗玉冊的玉函

料上，玉冊禱文內容是極珍貴的第一手資料。聖經說十誡是上帝寫在石板上的，在台北故宮的中國歷代玉器展裡，唐玄宗的玉冊陳列其中，你可能很驚訝發現所謂玉冊就是大理石做的！學者研究後認為全部的內容應該是唐玄宗李隆基親筆所寫後付刻再填金。

2014年底，台北故宮推出的遼宋金元玉器特展，一進門右轉第一件就是宋真宗的禪地玉冊，質地為青白色閃玉，共有十六簡，簡與簡間以金線串聯，填金的字跡看來遠不如唐玄宗的嚴謹，倒是裝玉冊的玉盒子，無論質地和圖飾雕工都

是一流的。泰山挖寶消息被披露後，有人呼籲馬鴻逵將國
寶交給國家，這位軍閥當時的回應是：東西被偷了！甚至
傳出玉冊已經被賣到國外去了的說法。之後馬鴻逵的官越
做越大，勢力越來越強，無人有意追問寶物在何方，因此
這相當於中國的法櫃下落自此成謎。

印第安那瓊斯是好萊塢的電影英雄，當然劇情中會
有美女相伴。找到中國法櫃的馬鴻逵父子，他們的風流韻
事比電影精彩。馬鴻逵的兒子和馬鴻逵的祕書長同時迷上
了一位寧夏銀川的名妓，妒火中燒下，他兒子竟開槍射擊
情敵，馬鴻逵為避免風波再起，乾脆把妓院都封了，妓女
們要不招進馬府組成戲班子，要不就賞給單身的幹部當太
太。馬鴻逵自己有六名妻妾，他最喜歡的則是四姨太劉慕
俠，唱戲出身的劉女十九歲嫁給馬鴻逵，但有著非凡企圖
心，她勤學國學、英文和繪畫，不但和宋美齡建立交情，

上圖｜
溥心畬題少雲先生款行書
成扇

右頁圖｜
溥心畬畫給馬鴻奎的沒骨
山水扇子

而且還當上了國大代表。

　　1949年紅軍勢力快速席捲全中國，馬鴻逵早一步在香港和台灣購置房產，並且帶著妻妾移居台北，不料國民黨內有人認為大西北淪陷是馬鴻逵的責任，因此馬鴻逵被撤職查辦，監察院也提出彈劾案，馬鴻逵使出哀兵之計，稱四姨太在香港病危，獲准前去探望。他滯留香港期間，國民黨派員前去安撫拉攏希望他回到台灣，但是馬鴻逵虛與委蛇送了一把溥心畬所畫的扇子，給前去招安的國民黨要員，這把扇子的扇骨極為精緻，還有乾隆的題款，顯然是出自宮廷之物，末代王孫溥心畬畫好扇面更題詩贈送給馬鴻逵，因此這個禮物也讓當年的特使回台北後能向國府交差，證明的確和馬鴻逵見到面了。這難得一見的扇子，不久前曾在台北國立歷史博物館的「遺民之懷──溥心畬特展」中公開展示。

馬鴻逵後來想盡法子去了美國，並且開了農場定居下來，不過他始終沒有申請美國籍。1970年，曾經不可一世的「寧夏王」馬鴻逵病逝洛杉磯，享年七十九歲。次年，他生前最疼愛的四姨太劉慕俠突然回到台灣，依照馬鴻逵的遺願將唐玄宗及宋真宗的玉冊送給了蔣介石總統，這是當時的一件大事！總統府以隆重儀式接收了這失蹤近半世紀的中國法櫃，隨後撥交給台北故宮典藏。

史蒂芬・史匹柏所導演的《法櫃奇兵》是當年票房冠軍，獲得五項奧斯卡大獎，又衍伸出三部續集和十五個電腦遊戲，電影最後一幕是，瓊斯所找回的法櫃被高層下令放在神祕的51區以極機密等級封存，鏡頭拉開，山洞中竟都是極機密的箱子。中國法櫃也是故宮庫房中的數萬箱子之一。2009年，北京故宮的鄭欣淼院長訪問台北故宮時，在宋真宗的玉冊前駐足良久，不過，當時年輕的台灣記者追問他的是有關十二獸首的拍賣問題。民國103年（2014）4月，這兩項有中國法櫃地位的寶貝終於被文化部公告為「國寶」。距離唐玄宗封禪已經有一千兩百八十九年的時間。

現在無論何時你去台北故宮，遊客大排長龍擠著要看的是翠玉白菜和肉形石，至於讓上天和皇帝對話的玉冊玻璃櫃前始終門可羅雀。

馬鴻奎與劉慕俠

（原文刊載於《藝術收藏＋設計》雜誌2015年4月，91期）

# 世紀竊案中的孿生麒麟

　　法國巴黎南方的楓丹白露原來是以前法國國王的行宮，現在已成為聞名遐邇的博物館，2015年3月，這博物館又出名了，因為兩位戴著頭套的竊賊在清晨侵入楓丹白露的中國館，迅雷不及掩耳地偷走了一批寶物。案發後三天，我的手機傳來一封有照片的訊息，告訴我楓丹白露最有名的寶物——銅胎鎏金掐絲琺瑯麒麟香爐在遭竊名單中，我回覆對方：「這下法國人頭大了，你的名氣也要大了」，因為我知道，被偷的寶貝其實有孿生兄弟，一件在楓丹白露，而另一件就在我朋友的大型保險櫃裡。

　　2013年暑假，我獨自到國父紀念館看一項名為「大清皇帝最美的夢」之展覽，這是一家私人公司，而且還是動畫公司所籌劃的展覽，因此我沒抱太大期望。當時現場參觀的人不多，出乎意料的是，我在展場赫然發現好幾件展品，儘管沒有註明來源，可是我確定都是來自國際拍賣場的名品，其中有一件掐絲琺瑯麒麟擺在現場甚為醒目，而且和楓丹白露藏品有關，這件四足站立的麒麟器形和工藝技法與楓丹白露的一樣，再仔細地看，楓丹白露的麒麟其額下鬚毛短少了一節，尾巴比較高昂，台北的麒麟尾巴往下垂了點，應該曾經是摔過之故，從其身上少部分琺瑯脫

落可研判出來，可是台北的麒麟有香爐蓋，法國麒麟的蓋
子遺失了。有趣的是，台北這隻麒麟是左前足在前，法國
的麒麟是右前足在前，由站立姿勢更可判斷是一對。

　　楓丹白露的中國麒麟之所以有名，是因為法王拿破崙
三世的皇后歐亨妮婭（Eugénie de Montijo）之故。1860年
英法聯軍洗劫了圓明園，帶回大批珍貴文物，其中一隻掐
絲琺瑯麒麟被當年的法國將領獻給了歐亨妮婭皇后，她非
常喜歡這麒麟，因此將它放在自己的寢宮內；1863年楓丹
白露中國館建好後，專門用來收藏來自圓明園和亞洲的寶
物，這隻麒麟就被擺在中國館的中央，基本上，從1863年

左上圖｜
楓丹白露的海報，上有
銅胎鎏金掐絲琺瑯麒麟
香爐。

右上圖｜
周海聖受訪鏡頭

左下圖｜
楓丹白露中國館

右下圖｜
楓丹白露中國館正中央
就是遭竊的麒麟

右頁上圖｜
台北國父紀念館展出的
麒麟

右頁下圖｜
早年版畫顯示楓丹白露
的陳設沒大變化

起楓丹白露中國館的陳設沒有太大變化，也從沒人提過，這世上還有另一件來自圓明園的掐絲琺瑯麒麟香爐。

因此台北國父紀念館出現的麒麟可是我前所未見、前所未聞的，於是乎發揮當年跑新聞的專長，開始追尋線索，終於幕後藏家曝光，而且是我多年的朋友——周海聖

先生，他願意接受我的訪問，讓我完成了一集名為「殘園驚夢」的電視專輯節目。訪談過程中，我更訝異地知道，這件麒麟在英國出現時是無人聞問的。依照目前的線索，海聖兄所收藏的麒麟最早出現在1965年佳士得倫敦拍賣會，1989年再現身於倫敦古董商John Sparks展售會上，這兩次露面都沒有指出和

圓明園的來源有關，到了2008年11月，蘇富比倫敦拍賣以跨頁介紹這件麒麟，但是蘇富比的專家還是誤判，因為香爐年代被定為康熙，那時候包括周海聖等亞洲重要買家都沒人注意到這件拍品的出現，而盡管蘇富比當時重視這件拍品，不過正逢金融海嘯臨頭，所以全球藝術市場交易凍結，這件麒麟落得乏人問津而流拍的下場。在台北的周海聖好奇拍賣市場的景氣如何，於是上網查資料，無意撇見這件麒麟的照片似曾相識，調閱後資料確認和楓丹白露的藏品相同風格，周海聖立即電告蘇富比要盤後交易，賣家同意了，於是這件寶物讓海聖兄僅僅以8萬英鎊獲得。但接下來的五年中，無人知曉這件寶物已經回到台灣，他因緣際會的受邀去參加在國父紀念館的展覽時，只有零碎的幾則例行性新聞稿發布，一直到我主持的電視節目「國寶

上圖｜
台北故宮珍藏的崁綠松石珊瑚壇城

右頁圖｜
楓丹白露被偷的西藏壇城

檔案」播出後，外界才知曉原來楓丹白露的麒麟有孿生兄弟，而且就在台灣；周海聖也從幕後走到台前。

　　楓丹白露的館長如果在台灣任職的話，鐵定被名嘴「叮」到吃不完兜著走，因為在這樁竊案發生當天後，楓丹白露宣布遺失十五件文物，舉世譁然，沒想到十天後，楓丹白露又宣布，被偷的文物增加到二十件！可見楓丹白露博物館的管理已經鬆到螺絲掉滿地。迄今他們只宣布了三項被偷的物品：1861年暹邏國王送給拿破崙三世的〈鎏金皇冠〉、〈西藏鎏金嵌綠松石珊瑚壇城〉、圓明園舊藏清乾隆〈銅胎鎏金掐絲琺瑯麒麟香爐〉。在台灣的人有福了，因為掐絲琺瑯麒麟香爐的另一件已經在台灣，而楓丹白露所失竊的壇城，在台北故宮博物院也有一件相似的藏品，並且在故宮一樓展出中，你隨時都可看到它的風采。

法國警方已經花了兩個多月時間，仍舊對楓丹白露失竊案茫然無緒，搖頭不已，周海聖也在台北搖頭，因為他真如我所言「紅」了，中外大拍賣公司紛紛來電詢問：賣嗎？5月上旬，這件麒麟應邀要在台北公開展出，6月初將渡海到香港展覽，都將是盛事一樁。不過保險費將夠嗆的，因為通常保險費是投保金額的百分之一，而這寶物要如何估價呢？我不知道海聖兄心中的價格如何，在2010年12月2日，香港佳士得有一對銅胎掐絲琺瑯仙鶴香爐的成交價是1.295億港幣，買家是香港富豪劉鑾雄。

　　海聖兄的麒麟從圓明園繞道英國回到自己人手中至少用了209年的光陰。1860年，兩千多名英法聯軍攻進北京，放火燒圓明園的是法國人，法國作家雨果曾強烈譴責，認為此事為「兩個強盜的勝利」；一百五十五年後，兩名盜賊在法國楓丹白露犯下世紀大案，他們前後只花了七分鐘。（原文刊載於

《藝術收藏＋設計》雜誌2015年6月，93期）

劉鑾雄出手1億2000萬港幣買的仙鶴香爐

【玖】

# 在澳門看見宋徽宗

　　2015年6月6日下午，在澳門有一場拍賣，基本上中港台和西方主要業內人士都不知道這場拍賣的存在，怎知平地一聲雷響了，第31號拍品上場時，現場氣氛活潑起來，拍品從1000萬港元起拍，叫價扶搖直上，連破港幣1億、2億、3億大關，現場驚嘆聲不斷，經過數十輪舉牌競拍，拍賣官以3.5億港元落槌，現場掌聲如雷。加上13%佣金，買方將支付3.9555億港幣，也就是15億多台幣。拍品是一件定窯美人枕，創下了定窯的世界紀錄，比之前的成化雞缸杯都貴！當晚消息傳開，我收到照片後，立即在微信上發表了與當時各新聞媒體不一樣的看法。6月12日我在飛碟電台接受青蓉的訪問，我一開口就說這是一場胡扯的拍賣，瞎得可以！主持人訝異地問我：「東西是假的？」「千真萬確的假！不但東西假，連拍賣成交都可能不是真的。」我說。

　　第二天，中時電子報刊登了我的談話後，大陸媒體也出現訪問各界人士的報導，質疑這場拍賣的聲浪開始湧現。這家剛在澳門開張的拍賣公司負責人，以及定窯美人枕的買方，突然間都沒了身影和聲音！有朋友以懷疑的語氣來電問我，以下就是精簡對話。

友人：「你真的確定那美人枕是贗品？」

我：「你要買嗎？一個3500，一次賣你三個。這下你可賺45億新台幣！」

朋友停了半晌後問：「你有？」

我：「我沒有，淘寶網有。」

朋友看到我傳給他的照片和網址連結後，第二天對我畢恭畢敬，因為淘寶網上寫著，「包郵曲陽定窯定瓷仿古仕女枕精品擺件家居禮品工藝品，價格¥680.00（約NT$3402）運至河北保定、至台灣；賣家直送：免運費；宅配、超商取貨。數量：庫存三件。」

這間拍賣公司的拍賣目錄，還刻意將美人枕和鼎鼎有名的台北故宮定窯嬰兒枕圖片放在一起對比，想藉此魚目混珠、抬高身價。台北故宮和北京故宮各有一件造型幾乎一樣的嬰兒瓷枕，皆是雙臂交叉環抱、頭枕其上、雙腳相疊微翹的可愛姿勢，嬰兒的背部正是枕頭的枕面，台北故宮的嬰兒枕堪稱世界第一，因為除了嬰兒身上服裝紋飾較華麗外，台北故宮博物院藏品的底部還刻有乾隆三十八年御製詩〈詠定窯睡孩兒枕〉：「北定出精陶，曲肱代枕高。錦繡圍處妥，繡榻臥還牢。彼此同一夢，蝶莊且自豪。警眠常送響，底用擲籤勞。」乾隆皇帝並下令為其配製木座、錦墊，足見當年乾隆對這北宋定窯珍品的喜愛。

澳門公開拍賣的瓷枕贗品，其脖子以下是拷貝台北

左圖｜
出現於澳門的所謂定窯美人枕

右圖｜
淘寶網的定窯美女瓷枕

右頁上圖｜
台北故宮定窯嬰兒枕

右頁下圖｜
台北故宮嬰兒枕下的乾隆題詩

故宮的造型，於是出現了美人裝扮嬰兒可愛翹腿的荒謬形制，其脖子以上則是拷貝外界較少知道的一件出土定窯枕。1985年，大陸考古工作者在河北曲陽定窯的遺址，挖掘出許多定窯殘片和窯具，其中有一件仕女枕，但殘破得很嚴重，好不容易拼起來後，仕女的鼻子仍然是破損的外貌，這件仕女枕雖然是獨一無二，也曾在北京藝術博物館展示過，但外界也很少關注。其姿態和流暢度和拍賣的偽品差異甚大，當時瞎拼做假貨的工匠應該也沒想到，有人會把這件現代拼裝的瓷枕拱出個15億的天價。

定窯是宋朝五大名窯之一，過去兩年定窯碗公在拍賣市場獨領風騷，2013年紐約蘇富比春拍，一只估價20萬美金的宋代定窯瓷碗，被知名的英國古董商艾斯肯納錫（Eskenazi）以223萬美元（約新台幣6600萬元）買到手，這瓷碗是原主人2007年在跳蚤市場花3塊錢美金買到的！拍賣結束後第二天，CNN的主播還到了現場去採訪這不可思議的碗公。

2014年蘇富比香港春拍，充滿傳奇色彩的日本古董商坂本五郎，拿出他的北宋定窯劃花八稜大碗上拍，這件四十年沒出世的定窯大碗，胎質細膩，器形端莊，碗內劃花線條流麗生動，4000萬港元起拍，激烈競價後最終以1.3

左圖｜
3塊美金買入，220萬美金賣出的定窯碗。

右圖｜
坂本武郎的定窯碗賣了5.9億台幣

右頁圖｜
佛陀紀念館展出的官字款定窯碗

億港元落槌，加上佣金1.47億港幣（約新台幣5.9億元）成交。

前不久，我到高雄佛光山佛陀紀念館採訪製作電視節目時，看到來自大陸靜志寺塔基出土的一件定窯蓮紋碗，這件非賣品是讓我最震撼的定窯碗公，胎質細密堅實，胎薄到可在陽光下透視，碗壁以剔雕方式雕出蓮花瓣，整個碗形望之仿若蓮花，碗底還有「官」款，說明它是當時皇家為供佛而訂製的第一流定窯精品。

看本文標題就可知澳門的假美人枕是讓我最受到驚嚇的定窯，看不懂標題？宋徽宗不是做古了嘛！所以那場拍賣是不是活見鬼了！？（原文刊載於《藝術收藏＋設計》雜誌2015年7月，94期）

【拾】
# 李白玩很大！

我單身所以是老外——每天老在外頭吃飯。幾乎天天下午5點起開始呼朋引伴，當然也有別人的邀請，有回出席邀約，到場後我先是一愣，因為主人的朋友自作主張邀了飯局妹參加，主人有些不好意思對我說：「戴兄是公眾人物，這樣吃飯會不習慣吼？」聞言，我立即舉杯敬所有賓客，一飲而盡後說：「只要沒李白在，大家都safe。」眾人面面相覷，接著就聽我吹牛了。

有一回李白一路玩到了江浙一帶，並留下一首詩：「葡萄酒，金叵羅，吳姬十五細馬馱。青黛畫眉紅錦靴，道字不正嬌唱歌。玳瑁筵中懷裡醉，芙蓉帳底奈君何。」最後那兩句，那女子投懷送抱，把羅幃放下後，他兩人做何事我就不多說了，但注意李白在詩裡有說，那女子只有

龜負論語玉燭酒籌鎏金銀筒

十五歲！現代人聽到未成年大概都酒醒了。這詩仙玩的可真大！所以只要不是李白的場，大家都safe。

有人問我什麼是金叵囉？好問題，當初李白風流之處，如非於富貴人家處所，就是當時唐朝的高檔俱樂部，因為金叵羅是指用黃金做成的酒器，而唐朝有一段時間的金銀器生產重鎮就是現在的江蘇。

1982年，江蘇丹徒丁卯橋出土了一批窖藏金銀器，數量多達九百五十六件，見證了唐朝金銀器產業的發達。其中的一件〈龜負論語玉燭酒籌鎏金銀筒〉至目前為止，中國官方還將其列為禁止出國展覽的文物，這件孤品也讓後人見識唐朝貴族宴飲時的行酒令可以如此豪奢。所謂的行酒令，就是大夥喝酒時的一種遊戲，現今最常見的就是划酒拳。〈龜負論語玉燭酒籌鎏金銀筒〉由龜座及蠟燭狀圓筒組成，器身都是銀鎏金，龜作爬行狀，並且昂首視天，龜背陰刻龜背紋，刻畫生動。圓筒用來裝行酒令用的酒籌，同時出土的還有五十枚長條狀的酒令籌，都是銀鎏金，正面鐫刻有楷書酒令文辭，上半段為《論語》中的話，下半段為酒令文字，還分為飲、勸、處、放四種。

「飲」有自飲，白酌，請人伴飲等等。「勸」有任勸、任勸兩人、勸主人等。「處」有來遲處、少年處、多語處、好爭令處等。「放」，就是不需喝酒。喝酒數量分為：意到（隨意喝）、三分（小半杯）、五分（半杯）、七分（大半杯）、十分（滿杯），最多是四十分（四杯）。例如，有客人抽到籌令「與朋友交，言而有信，請人伴十分。」邊唸邊點派席間酒友和你一起滿杯下肚，你可想見當時酒酣耳熱，又有文章典雅的氛圍。

唐朝人算是開放的，但也並非猴急粗魯的，《太平廣記》曾有一段羅曼蒂克的故事。開元年間一位秀才申屠澄赴任縣尉，因風雪阻途，投宿茅屋民房，主人燙酒備席，

申屠澄和主人的千金行起酒令來，他說：「厭厭夜飲，不醉不歸。」對面的女孩就笑了起來：「這樣的風雪之夜，你還能到哪裡去呢？」接著少女出令：「風雨如晦，雞鳴不已。」申屠澄知道少女是引用《詩經》裡的詩句，隱去了「既見君子，云胡不喜？」這兩句，少女含蓄的表達愛慕之意，於是申屠澄向少女的父母求婚，締結良緣十年後，申屠澄才得知他老婆其實是虎妖。

唐朝不僅人喝酒，連馬也喝酒！我沒胡扯，陝西博物館的〈舞馬銜杯仿皮囊式銀壺〉就是例證，這是1970年在陝西西安南郊何家村出土精彩絕倫的唐代銀器，也是被中共官方首批列入禁止出境展覽的文物之一。唐玄宗每年生日的那一天皇宮內大擺筵席，還有各式歌舞和雜耍表演，其中舞馬則是表演中必不可少的項目。有一次舞馬演出，馬兒屈膝向皇帝祝壽，皇帝大喜，賜酒給跳舞的馬匹，舞馬以口銜住酒杯，一飲而盡。這件〈舞馬銜杯仿皮囊式銀壺〉可說將一千年前的大唐歡樂時光凍結至今。

每每我宴客時，眾人杯觥交錯，其樂融融，但我常發現單身的男性沒處去，已婚的男性更不想離席。唉，男人喔！（原文刊載於《藝術收藏＋設計》雜誌2015年10月，97期）

舞馬銜杯仿皮囊式銀壺

器物卷

【拾壹】

# 敦煌曾經離我們很近

在香港展覽的
六字真言石碑

　　2015年年底我應邀擔任台灣一家拍賣公司的拍賣官，事前我去看預展，有一件拍品立刻吸引了我，拍賣目錄僅寫著〈康天儞題莫高窟碑拓〉，估價只有5萬元，我在現場和拍品拍照留念，還有人覺得奇怪，幹嘛和一團黑壓壓的東西拍照？！

　　1949年，時局動盪不安，張大千獲得當局的協助，讓他帶著七十八幅畫作登上專機飛到台灣，當時飛機超重不能起飛，時任教育部長的杭立武將他自己的黃金拋下，讓張大千帶著畫上飛機，條件是那批在敦煌臨摹的畫，未來需歸國家所有，張大千答應了，人機和畫都平安抵達台北，七十八幅畫中有十六幅是張大千私人收藏的古畫，其餘六十二幅是他在敦煌臨摹的作品，但是六十二幅畫中只

53

有一幅是拓片，就是如同拍賣所出現的莫高窟碑拓，張大千會僅僅挑一幅碑拓逃命，可見該碑拓有多麼珍貴。

這幅碑拓的全稱應該是〈莫高窟六字真言碑拓〉，這塊石碑目前珍藏於甘肅的敦煌研究院，它的出土是當時國際上的大事。石碑是元朝至正八年（1348年），駐守敦煌的西寧王速來蠻命人所刻，此碑高75公分、寬55公分，上刻「莫高窟」三字，碑中央陰刻四臂觀音坐像，周遭三方都有兩列刻文，分別為梵文、藏文、漢文、西夏文、回鶻、八思巴文（蒙古文）。這六種文字都與漢字「唵、嘛、呢、叭、咪、吽」同音，世稱六字真言碑。石碑下方有功德主西寧王（成吉思汗兒子拖六雷的八世孫）及其妃子、太子、公主、駙馬、僧人等的題名，立碑的時間和石匠名字等。不但紀錄清楚，同時六字真言碑雖然只有六個字，但它是僅存用多種民族文字刻成的佛教石碑，反映了

左圖｜
筆者與拍品六字真言碑拓的合影

右圖｜
出現在台北拍賣會的莫高窟六字真言碑拓

右頁圖｜
張大千（中）與羅寄梅伉儷

元代當時藏密佛教的興盛，以及河西走廊多民族聚集、多元文化並存的歷史。以拓片保留石刻是一種傳統的藝術，拓片有其工藝性和藝術性，又是能流通的真實性文化物件，因此好的拓片自古價格不凡，有「黑老虎」之稱。

　　這次台北拍賣會出現的碑拓，是當時敦煌縣的縣長康天衢命人拓下裝裱送給長官的，因此拓得特別講究，還有題記。當時想要索討的人很多，因此敦煌研究所的所長常書鴻，就用銅版印刷的方式來應付這些人，以免傷害珍貴的石碑，而原版碑拓就顯得十分珍貴，張大千那件辛苦從大陸越洋捧來的無題記的碑拓，後來信守承諾捐給了台北的國立故宮博物院珍藏，另外還有一件無題記碑拓，則被收藏在南港的中央研究院歷史語言研究所，並且已經轉檔成為數位化藏品。這兩分飄洋過海到台灣的拓片，如今早被大眾遺忘了。

　　「敦煌學」在國際上早已是一門顯學，2014年香港賽馬會資助香港藝術館辦了一次敦煌特展，史無前例地將六

字真言碑搬到了香港，成為報紙的頭條新聞。美國普林斯頓大學圖書館曾經耗資一大筆經費，買下一批敦煌的黑白照片（但不擁有出版著作的智財權），普林斯頓大學的美術館從2015年11月到2016年1月舉辦了「絲路聖窟——認識與再創敦煌」（Sacred Caves of the Silk Road：Ways of Knowing and Re-creating Dunhuang）的特展，特別借出這批照片參展，引起各方高度關注。這些照片是由羅寄梅伉儷拍攝。1943年羅寄梅和他的夫人劉先到敦煌拍攝記錄，他們在莫高窟和榆林兩地花了兩年時間，拍攝了數千張窟室及其周邊景色的照片，還有當時正在敦煌臨摹的張大千工作情形，目前看到張大千在敦煌的照片就是羅寄梅拍攝的。

普林斯頓大學在展覽中對檔案照片用的是英文「James and Lucy Lo Achieve」來介紹，所以很多人不知道來源是羅寄梅，有趣的是，部分台灣媒體依據新聞稿寫羅寄梅是當時的「中國文藝社」的創始人，但許多年輕記者並不知道羅寄梅當時還是中央通訊社的攝影組主任。更多人不曉得的是，羅寄梅隨著國府在1949年遷到台灣，而他那舉世最完整的敦煌照片和他在敦煌臨摹的畫作一直存放在台北的家裡。羅寄梅和妻子後來開了一家書局，就是現在大家熟悉的敦煌書局，從店名就可知道他對敦煌的寄情有多深。羅寄梅一直希望他的攝影作品能夠出版。可是台灣沒人理他，直到1965年台灣參加紐約舉行的世界博覽會，需要有代表性的展品，於是由教育部出面邀請羅寄梅帶著他的敦煌寶貝到紐約，這也是他的作品首次在國際間亮相。

1968年著名的美國學者方聞和已經移民美國的羅寄梅見面，並且對他的檔案照片高度重視，普林斯頓大學出資全數買下，以做為研究材料。後來日本東京大學極力向政府爭取經費，向羅氏夫婦購買了兩千六百張的複製照片，

右頁左圖｜
羅寄梅拍攝的敦煌臥佛

右頁右圖｜
羅寄梅拍攝的敦煌石窟

成為其東方文化研究所的重要資料。

　　2016年5月美國洛杉磯蓋堤中心（Getty Center）即將舉辦「敦煌莫高窟：中國絲路之佛教藝術」，為「敦煌熱」再添一把柴火。支援蓋堤中心的藏品，分別來自英、法、美、日等國的博物館，這些藏品絕大多數都是經由發現敦煌藏經洞的王道士所賣出。不過，王道士未將賣文物所獲的錢花費一分一文在自己身上，全數用於整修敦煌的洞窟。

　　1971年日本和中共建交，日本首相田中角榮和外相大平正芳提出要參觀敦煌莫高窟的請求，把中共從中央到地方給嚇壞了，因為1949年後的敦煌，除了黃沙滾滾外，還是滾滾黃沙，後來地方幹部決定把酒泉中學的一座牌樓式校門拆掉，然後安裝到敦煌莫高窟，讓它看起來有個門面。最後撥付鉅款修復敦煌莫高窟的竟是日本政府！很難想像，如果沒有歐美和日本這些外國人士的介入，今天的敦煌會是什麼模樣！

　　拍賣開始了，輪到莫高窟六字真言碑拓上場，僅喊了七口價就以8萬元落槌了。我想到五十年前羅寄梅那批在台北被冷落的照片，心想台灣人和敦煌距離的遠，不在公里，而在心裡。（原文刊載於《藝術收藏＋設計》雜誌2016年2月，101期）

【拾貳】
# 台灣大象在香港滿街跑

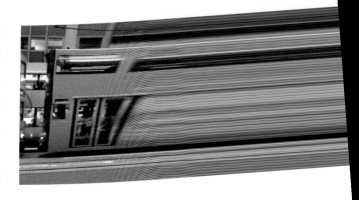

民國105年5月中下旬,在香港街頭會看到許多雙層巴士和電車載著一隻大象的海報滿街跑。2016年是佳士得拍賣公司在香港成立三十週年,他們為此舉行紀念性的「開元大觀專拍」,挑了三十多件精品,其中一件白瓷象形燭台被印成海報成為香港的公車廣告,不過,我和絕大部分的台灣人都不清楚這件優秀的藝術品是來自台灣的收藏家。

5月24日中午,我在台北和兩位朋友餐敘,其中一位是和中國古董藝術淵源頗深的專家,他拿出佳士得的海報照片給我看,我脫口而出:「隋朝白瓷!」接著我很敏感的問:是你經手的?他當時臉上堆滿笑意:「二十三年前就買了!我朋友在當時為一大收藏家經手這件白瓷,價格約百萬港幣,這在當年若無眼光與財力,是很難出手的。二十三年後這大象首次在拍賣市場公開,低估價就從500萬港幣起跳!」

我之所以一眼認出這隻大象是隋白瓷,是因為這種象形白瓷非常稀少,精確地說,它是象形的燭台,佳士得定為隋到初唐的作品。下回你看Discovery時可以注意觀察,

非洲象和亞洲象是不同的，而這件象形燭台不但造型生動，工匠更以寫實的手法將亞洲象特有額頭的兩處隆起和耳朵的皺褶，以及腿部的肌肉結構都細緻入微的展現。燭台周邊的裝飾極為華美，白釉的釉色盈潤。英國著名的大英博物館有一件白釉象形燭台，但是尺寸較小，裝飾簡單，遠遜佳士得的拍品。日本的出光美術館與美國納爾遜博物館各有一件白瓷象形燭台，和佳士得的拍品較為接近，尤其三者在象牙部位有相同特徵，就是牙的上方都刻有兩道凹痕，其實那是要呈現六顆象牙的做法。

六牙白象是佛教重要的神話故事，傳說釋迦牟尼佛在作菩薩的時候，就是乘坐六牙白象王投胎進入母體的。還有另一個廣為流傳的六牙白象的神話。遠古時代，有一頭六牙白象的象王，統領象群共同生活，這白象王當時有一妻一妾，有一天白象在森林中摘取一朵蓮花送給了妻子，卻惹來妾心懷不滿，甚且鬱鬱而終。這妾投胎轉世長大成為一位美女，並且嫁給梵摩達王為妻，但她心中的宿怨未了，就跟梵摩達王要求要取得象王的六根牙，國王於是找來了一位獵人，指派他前往獵取象牙。獵人偽裝成出家人讓象王失去戒心，並以毒箭射中象王。

象王痛苦中詢問獵人：「為何要用

毒箭射我？」獵人說明原委後，象王即衝向大樹，將自己
的白牙穿入樹幹，以鼻子的力量，用力扭轉絞出自己的象
牙，並將此牙布施給獵人，發大願：「**盡未來世，願拔除
一切眾生三毒之牙！**」獵人將象牙交給梵摩達夫人後，她
立即心生悔恨，並回向發願出家學道。這故事中的白象王
就是佛祖的前生。

　　在新疆拜城縣克孜爾鎮東南方的明屋塔格山懸崖上，
有一處著名的克孜爾石窟，是舉世重量級的佛教藝術聖
地，這處開鑿於西元3世紀並延續建設五百多年的洞窟有精

下圖｜
創下天價的隋白瓷象形燭台

右頁圖｜
這頭大象其實有六根象牙

美壁畫，是古代龜茲國的文化瑰寶，它的歷史比莫高窟要早一百七十年左右。這個並非漢人興建的洞窟，其中就有「象王忍痛拔牙」的壁畫，淵源就是來自上述的神話。而佳士得的白瓷象形燭台，距今有一千四百年的歷史，正是中國佛教由西方引進並深植中原的重要象徵。在《普賢觀經》對六牙白象的象徵意義作了說明，六牙表示布施、持戒、忍辱、精進、禪定、智慧。「象」象徵力大無比，也就是說，我們行動的時候一定要有大無畏的精神，才能成功。

我在拍賣前曾經在飛碟電台介紹這件白瓷象形燭台，曾經收聽節目的一位友人問我，點蠟燭的燭台值得如此慎重介紹嗎？我說當年能點得起蠟燭的人非一般人也！

《西京雜記》一書提到，西漢初年，南越王向漢高祖劉邦敬獻了石蜜五斛、蜜燭兩百枚等，漢高祖開心得不得了，現在有誰能夠想像「蠟燭」竟是進貢的珍品？

中國古代有一傳統節日「寒食節」，在冬至後一〇五日，清明前兩天，家家戶戶禁火，只吃冷食。在唐德宗時期，韓翃寫下了著名的詩〈寒食〉：

　　春城無處不飛花，寒食東風御柳斜
　　日暮漢宮傳蠟燭，輕煙散入五侯家

後兩句顯示，只有皇宮可以點蠟燭，而且能獲得賞賜傳送蠟燭的是侯爵之家！當然這也意謂蠟燭就是上層社會才能使用的資源。唐朝有一個機構內府局，它的職掌之一便是管理和提供燈燭，唐朝宮廷如此看重蠟燭的管理，隋朝時的情景可想而知。宋朝和西夏貿易的貨物中，蠟燭是非常重要的高級商品。直到清朝蠟燭才逐漸的平民化，之前都是一般的油燈為照明工具。因此在隋朝能使用這件六管象形燭台者的身分地位必然高貴。

隋朝雖然朝代不長，但正是白瓷發展的重要關鍵，從出土資料可看出隋代早期有些白瓷釉色泛青，白度很低。但是很短的時間內，白瓷就有突飛猛進的進步，開始出現胎質細膩，釉色白度較高的作品，這顯示汰篩雜質和控制含鐵量的技術能力大幅提升了，這種技術的進步必須有富足

下圖｜
隋朝糧食竟可吃到唐朝還沒吃完

右頁圖｜
隋文帝時期的穀倉

的國力支撐。而隋朝的富庶發展，在晚近幾年的考古發現真讓人乍舌不已。文獻紀錄顯示，隋代曾興建大量穀倉，結果前些年在洛陽發現的一處隋朝穀倉，面積竟有五十個標準足球場之大！有人稱隋朝的儲糧可以吃到唐朝！這種富強力量的基礎，也使得白瓷的研發有足夠動力。所以白瓷象形燭台無論就中國陶瓷工藝發展和佛教藝術，以及反應隋朝社會環境變化都有代表性的意義。

　　這件精彩絕倫的精品其實過去二十三年一直都在台灣，第一次在香港拍賣亮相就引起轟動，那天在台北餐廳和朋友聊天時，拍賣公司捎來訊息，有人願意出價900萬港幣先買斷，朋友沒有同意但很開心地對我說：「來，喝茶。」一星期後，這件白瓷大象在香港佳士得以1600萬港幣落槌，加上佣金為1916萬港幣，折合新台幣8358萬！（原文刊載於《藝術收藏＋設計》雜誌2016年8月，107期）

【拾參】

# 北宋有官窯嗎？

今年香港春拍有一件瓷器拍品引起很多人注意，拍賣結束之後，我得知這件作品是來自台灣，就更引起我的關注，因為這件當時估價800萬至1200萬港幣的青瓷，背後牽動著是否有「北宋官窯」存在的認知。

2016年，香港佳士得春拍的這件拍品品名是〈北宋汝州張公巷窯青瓷長方盤〉，長方盤的四角為向內倭角，施豆青釉色，釉面呈細碎的開片狀，有強烈玻璃光澤，底面有四枚細小的橢圓形支釘。我個人認為這是一件不錯的青瓷，佳士得在拍賣目錄內刊登北京故宮研究員呂成龍所寫的一篇文章，他講述這件作品，從造型和胎、釉特徵看，此長方盤應為北宋末至金代河南省汝州市張公巷窯產品，並認為張公巷窯有明顯的官造性質，就差沒直接講長方盤是北宋官窯作品。

現在大家朗朗上口的宋代五大名窯為汝窯、官窯、哥窯、定窯、鈞窯，其中的官窯指的是南宋官窯，而北宋除了汝窯是官辦之外，還有沒有另外的北宋官窯存在呢？而顯然佳士得的觀點認為這件作品就是北宋官窯，我和這件瓷盤的原物主請教時，他的觀點也認為張公巷窯就是北宋

上圖｜
大陸出版的《北宋汝官窯與汝洲張公巷窯珍賞》書影

右頁圖｜
汝窯的支釘

官窯，而這件青瓷長方盤就是代表作之一。

　　著名的汝窯窯址目前大家公認是在河南的寶豐縣清涼寺。經2001年到2004年的考古發掘，在河南的汝洲市張公巷（位於鬧區的民宅內）證實發現一處窯址，許多專家歸納這裡清一色的製作青瓷，其規模只有官造才能負荷。張公巷窯址出土的器物，製作水準不輸汝窯，兩地也僅距離20公里左右，張公巷窯的青瓷，支釘不同於汝窯，是更細小的橢圓形，不是芝麻釘，釉面的玻璃光澤不同於汝窯的玉質感，但開片接近南宋官窯，因此有專家認為應該和南宋

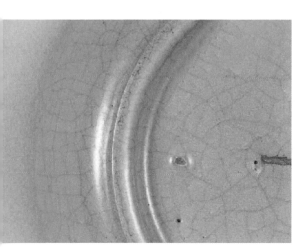

官窯有一脈相通之處。佳士得拍賣的這件長方盤有破損之處，原物主多才多藝，自己以黃金將其補齊，而讓人睜大眼睛的是，生產汝窯的寶豐縣清涼寺博物館也有一件殘破的長方盤的素坏。

　　過去幾年中國大陸的專家開研討會時，出席會議的多數陶瓷專家（尤其是參與現場發掘作業的專家）都主張張公巷窯就是北宋官窯，但是中共的官方文物單位迄今並沒有下定論，反對張公巷窯址是北宋時代的聲音不多，但非常有力！而最重要的論點，是陶瓷專家避而不談的，那就是在窯址現場的土層，經過日積月累，年輕的朝代物件當然要比更早朝代的物件出現在上部文化土層，但北京大學中國考古學研究中心教授秦大樹就明白指出：「比T4④層時代要早的T4⑤層中出土有許多金代中後期的遺物。則第四層的時代肯定要晚到金代中期以後。」他並且發現該地層中出土的其他非青瓷器物，時代甚至可以晚到元代前期。

我真的認為張公巷的青瓷是優秀作品，但考古發掘的證據無法證明它是北宋時代，就遑論是否是北宋官窯了。另外許多陶瓷專家認為張公巷窯是北宋官窯而非金、元時代的理由之一是，金代皇帝沒有這種品味！坦白講，我覺得這種論點還蠻有些漢人沙文主義。

美國納爾遜博物館所收藏一件遼金時期的木雕水月觀音，是全世界數一數二的中國木雕佛像藝術品。清朝的史學家趙翼認為金代在中國文化藝術發展史中有「上掩遼而下軼元」的歷史性地位。金朝設有圖畫署，看看當時宮廷畫家張瑀的〈文姬歸漢圖〉，何來產生對金代皇家藝術品味的質疑？

2016年10月6日至12月26日，台北故宮舉辦一場「公主的雅集：蒙元皇室與書畫鑑藏文化」展覽，展出了元朝皇帝忽必烈的曾孫女祥哥剌吉公主的收藏，北宋黃庭堅的〈自書松風閣詩〉就有這位蒙古公主的收藏章！這位蒙古公主在六百九十三年前的暮春3月，舉辦過一場雅集活動，正如現代的文化沙龍，去看了之後，你就會知道蒙古貴族

左圖｜
佳士得拍賣的青瓷盤

右圖｜
河南寶豐清涼寺窯出土的汝窯素燒長方盤

右頁上圖｜
亞歷山大碗

右頁下圖｜
書載開價1億的青瓷盤

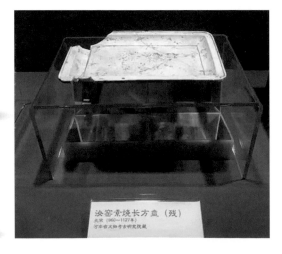

汝窯素燒长方盘（殘）
北宋（960～1127年）
河南省文物考古研究院藏

的文化品味，遠遠超過你想像。

　　在大英博物館有一件略有損傷的〈亞歷山大碗〉，這件青瓷碗由亞歷山大家族的兩姐妹珍（Jean）和蕾秋（Rachel）於1920年捐贈給大英博物館，該碗應出自張公巷窯，從大英博物館的說明，可看出雖然大陸的專家將其定為北宋官窯，但他們視為這是特殊的汝窯系相關的作品，顯然英國專家還是有所保留。

　　在佳士得上拍的張公巷窯青瓷長方盤，最後可惜流標了。所以或許你還有機會再買

到它。幾年前，大陸出版了一本《北宋汝官窯與汝洲張公巷窯珍賞》著作，封面有一件完整的青瓷花口盤，我還在追查它的下落，這是目前我所知唯一一件現存完整的張公巷窯作品。而且它屬私人所有，在我追蹤之下，這件青瓷盤曾經跨海來台尋找特定買家，但最後台灣買家打了退堂鼓，因為當年那位藏家開口就要價1億元！（原文刊載於《藝術收藏＋設計》雜誌2016年12月，111期）

金代張瑀的〈文姬歸漢圖〉（局部）

【抢拌】

# 財神爺是印度人

四川東漢彭山墓出土搖錢
樹基座出現的佛像

今年農曆年前幾天，電視、平面媒體、網路紛紛跟進一則水果日報的新聞：「*神祕女賭神贏6億，澳門賭場緊盯。*」報導說，神祕女賭客運氣奇佳「*天天贏錢*」，連賭場業績也因此受影響。賭場曾對神祕女賭客採高科技監控以防作弊，但查不出所以然來，所以這神祕女賭客是用何種招數致勝的臆測新聞更是不斷。我和朋友說，如果她是求財神的話，那她應該是會說古印度話，因為財神是從印度來的！

在民間我們通常會聽到「文財神」、「武財神」、「五路財神」等各種財神。文財神指的是商代末年的比干與春秋時代的范蠡。比干是商紂時的丞相，是紂王三大忠臣之一，他在諫言紂王時，紂王一時火大：「*聽說聖人的心有七竅，你有嗎？*」就把比干的心給挖了出來，民間依據這項流傳認為比干無心機，會獲得上天保佑而有財富，所以尊為「財神」，又因為比干是一位文臣，所以也被稱為文財神。范蠡是西施的老公，他是春求時期楚國的政治人物，但急流勇退帶著西施引退去經商，因而發財成為中國歷史上第一位列入紀錄的首富，後

人自然就崇拜他了。

武財神則有兩位，一位是關公，傳說關公當兵前是懂得會計的，因此會保護經營生意的人，所以他就成了武財神。另一說武財神是趙公明，依據封神榜，夏朝的時候天空出現十顆太陽，有九顆被后羿射下，其中一顆就是趙公明，後來，趙公明待在四川修道，並幫助殷商對抗西周，戰死後魂魄被姜子牙封神，掌管天下的金銀珠寶，因此被後人奉為武財神。姜子牙還為趙公明安排了四位部屬，這五人被尊為中、東、西、南、北路財神，並稱為五路財。這些故事集總精華的呈現是在《封神演義》，也就是大家熟悉的封神榜。

日本總理府轄下有一個單位叫「內閣文庫」，收藏東大寺及貴族、武士諸家的檔案資料、江戶幕府的日記、法令、來自中國的漢文書籍，以及明治初期收集的西方文字圖書等。在漢文藏書中有一套《封神演義》是明代萬曆年間的雕版印刷版，這是目前全世界已知最早的版本。簡單地說，《封神演義》是一本中國民間神話故事大全，最早

左圖｜
有關上杉謙信的電玩遊戲
右圖｜
封神演義的插畫
右頁左圖｜
北京故宮的銅鎏金騎獅財寶天王像
右頁右圖｜
東大寺多聞天王

可考的故事出版於宋代。而財神的來源和佛教有關，比較能接近原始財神形象傳說的是密教信奉的「財寶天王」。

我有一次在佛光山佛陀紀念參觀時看到乾隆時期塑造的一件銅鎏金騎獅財寶天王像，一面雙臂，頭戴高花冠，面相方圓，莊嚴中透出微笑，身佩項圈、耳璫、臂釧、手釧等莊嚴全身，袒露上身凸顯出他那象徵財富的大肚子，飄拂的帔帛繞肩而下，增添了律動感，雙腿呈自在姿舒展坐於雄獅背上，獅子回首昂望，造型生動。當然這和一般和文化中的財神爺形象有所不同。

財寶天王來自於印度神話中的「俱毘羅神」，又稱多聞天王，俱毘羅神曾經苦行千年，才從「創造之神」梵天的手中得到北方守護神之職位，也因此得到了象徵財富的飛天馬車「普剎伯卡」，是掌管財寶富貴、護持佛法的善神。而依佛教經典記載，釋迦牟尼佛在世時，多聞天王曾立下護持佛法的誓願，並給予眾生財富，故梵文稱「kuberd」，意思是「施財天」。依藏密的說法，財寶天王

是各路財神的領袖,周邊圍繞八路財神為部屬,協助普度
眾生,以滿足眾生之願。

　　在西藏有一傳說流傳很廣,當年蒙古人殺入西藏,
大家紛紛逃難,寺廟裡一粒糧食也沒有,一個老僧人哭著
指責寺廟裡的財寶天王,問他管不管,第二天早起發現倉
庫滿是糧食。不過,從事特種行業的人拜財寶天王是無效
的,依據密教的經典,財寶天王是非常講究紀律的。同
時,要和財寶天王結緣必須愛好清潔,乾乾淨淨才行。在
過去的西藏,要能經常洗澡,肯定是環境相當好的富貴人
家,信奉財寶天王的人,飲食也非常講究,不能用缺角的
碗,不用有損裂的杯子,如果遞送的食物、茶水給你的人
是不重衛生清潔的,那食物和飲水都不能碰。所以財寶天
王是極端重視乾淨衛生的神祇,你若沒有跟進,那也就和
榮華富貴無緣。

　　當然,中國人早在佛教流傳進中國前就已經喜歡錢
了,而且,有錢能通天的思想已經十分流行。1998年3月紐

約的亞洲藝術節中，比利時籍的青銅女王吉賽兒（Gisele Croes）將一株漢代青銅鎏金搖錢樹以250萬美金（約台幣8000萬）出售給一位住在紐約第五大街的億萬富豪，轟動一時。這種青銅搖錢樹在四川出土較多，搖錢樹除了是富貴象徵外，更被漢朝的人們認為是人間通往天堂的樹，縮短了人間與天上的距離。1942年四川彭山漢代崖墓出土的搖錢樹，它的陶座下部雙龍銜璧，上端有一坐佛，高肉髻，著通肩袈裟，左右各一脅侍，為典型的佛教造像形式，顯示佛教和中國的道教神祉已經逐漸融合，也反映出佛教當時藉由中國人的祈福升天、平安富貴等「民生角度」逐步切入民間。

在古印度傳說中，多聞天王由於曾率領其夜叉眾與毗濕奴打敗魔王羅伐拿，所以被敬為武神、軍神。佛教在中國經由唐朝的影響，多聞天王也進到了日本。在日本戰國時代，有「毗沙門天降主」之稱的上杉謙信，他的軍旗就有「毘」的字樣。至今許多電玩遊戲和漫畫中，都可以看到上彬謙信和他的「毘」字軍旗。去日本著名的東大寺，一定會看到極富氣勢的多聞天王雕像。

2015年10月香港的一場拍賣，出現一尊財寶天王，右手持寶傘，左手持吐寶鼠，底處刻銘文「錢塘陳宏清造」及藏文一行，這又是財寶天王漢化結果的另一形象。其實毘沙門天的原形象，是右手托寶塔，左手持三叉戟，可是隨佛教傳入中國後，為了配合「風調雨順」的吉祥意義，將其塑像手上的塔、戟改為「雨傘」。由此你可以想像，佛教傳進中國兩千來，不斷演譯和中國化的結果，使得財神從古印度人變成了一群有中國名字的神。所以你不會講印度話也沒問題的。

中國人的漢化活動現在還在進行著，而且延伸到太平洋的另一端。美國拉斯維加斯的賭場百樂宮，大門前矗立

了一尊帶著中國官帽的財神像，財神腳下堆滿財寶，不少人入場前都雙手合十誠心祈禱，不知是否有人想過，那財神是保佑賭客還是保佑賭場？至於水果日報所登的澳門神祕女賭客的新聞，沸沸揚揚的持續了一週，放心，到了明年過年，還是追不出這位神祕女賭客的真實身分的。如果你看了這新聞也飛去澳門賭場碰運氣，撒了6億鈔票的話，保證賭場供你為財神。（原文刊載於《藝術收藏＋設計》雜誌2017年3月，114期）

舊金山亞洲藝術館的搖錢樹
（攝影／王庭玫）

# 書畫卷

中國大家書畫的真偽

古人吵了千百年

這連續劇大概停不了

本卷所提到的柳如是

其筆下才情與智慧的判斷

戳穿了中國男性舞文弄墨的假面具

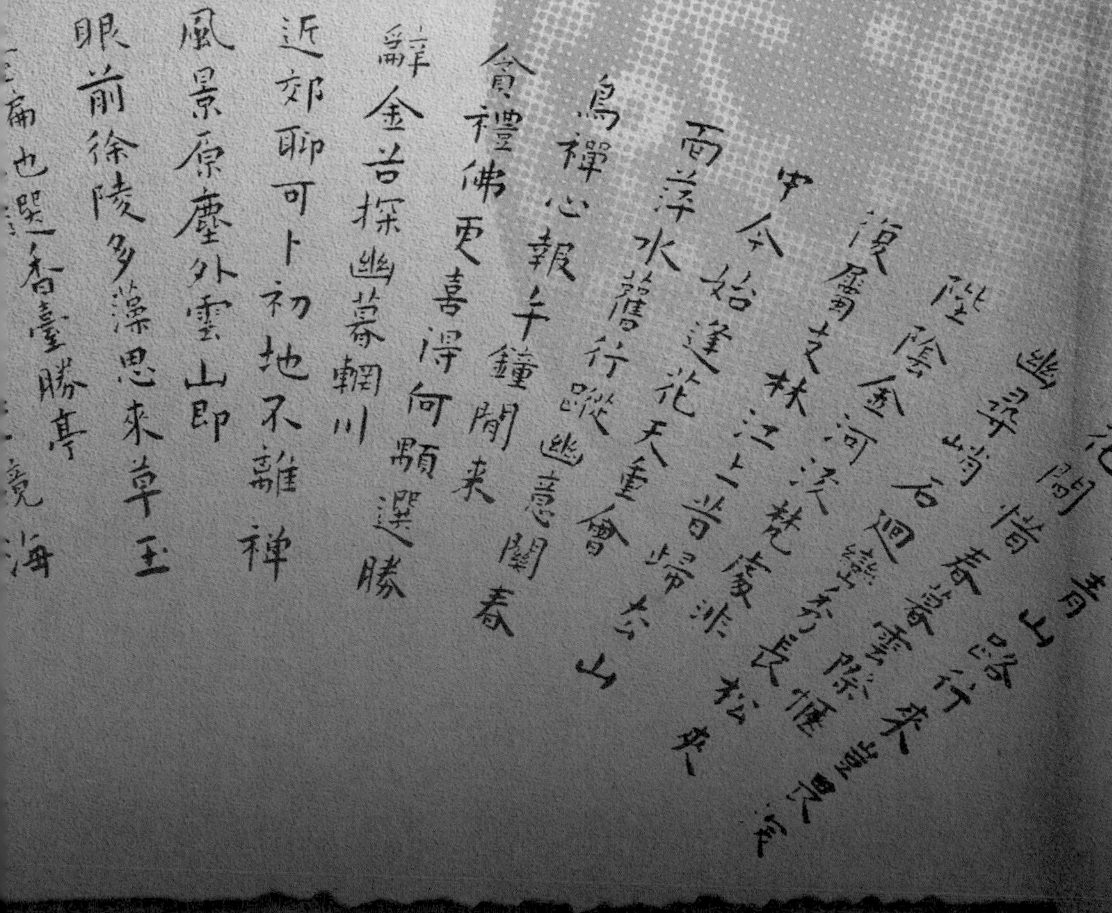

眼前徐陵多藻思來草玉

　南也選香臺勝事　竟海

風景原塵外靈山即

近郊聊可卜初地不離禪

辭金岳探幽暮輞川　選勝

貪禮佛更喜浮何顗閒春

鳥禪心報午鐘閒來

　洋水舊行蹤逃意閣山

宇今始逢花天重會

宇　林江湜楚　

復隔　　河

【壹】

# 真的假畫

2013年全球藝術市場不斷引爆「假」風暴,被指涉賣假畫的有全球最大的拍賣公司蘇富比,以及紐約歷史最悠久的藝廊Konedler & Co.。有人因假畫而心力交瘁,有人因此而成階下囚,有人卻因畫假畫而名利雙收。

2013年9月,中國大陸最強勁的藝術品買家劉益謙,他砸下822.9萬美元(約2億5000萬台幣)在蘇富比買下蘇東坡的《功甫帖》, 劉益謙認為「蘇東坡在民間流傳的沒有爭議的東西可能只有這麼一件」,於是乎他「舉頭望明月,低頭思東坡」下,透過電話從400萬美元開始介入競標,直到買到為止。正當他準備將《功甫帖》做為他私人博物館開幕吸睛的標的物時,突然上海博物館的三位研究員發表文章,指出這件《功甫帖》是贗品,這三人的論點雖然有兩派說法,但共同論調都是該書法是假的!蘇富比的聲明堅持那是真跡,劉益謙更是幾度發表聲明,反諷和質疑這些研究員的動機,這場真假蘇東坡的爭論恐怕很難很快落幕。約莫就在劉益謙以高價買下《功甫帖》的同一時間,有人因為賣假畫而吃上官司。

下圖|
約翰‧麥耶仿莫內的作品

右頁圖|
中國大陸的藝術品買家劉益謙,在蘇富比買下蘇東坡的《功甫帖》引發真假爭議。

一位美國收藏家指控他買到的名畫是假的，檢察官追查後正式起訴一位名為羅珊思（Glafira Rosales）畫商，她也坦承從1994年到2009年間賣出六十三幅假畫，獲利總額約3300萬美元。最讓人訝異的是，羅珊思所賣出號稱是羅斯柯、帕洛克和杜庫寧等名畫家的作品，都是出自於一位中國畫家之手。他是現年已逾七十歲的錢培琛。這些贗品可看出錢培琛的功力不同凡響，有趣的是，他所用的老畫布其實是他去撿來或討來的麻布袋！賣贗品致富的羅珊思早已住在豪宅中，畫假畫的錢培琛則一直住在紐約的紅燈區附近，我想這是目前檢方判斷他沒有犯罪意圖的依據之一。而經手賣出錢培琛贗品的百年知名畫廊Konedler & Co.因此受重創而關門歇業。錢培琛這六十多幅畫作會被如何處理是問號。不過，錢培琛的一位同行，他的贗品畫作曾堂而皇之的成為博物館的展品。

2010年英國的維多利亞與亞伯特博物館（V&A）舉辦了一次假畫特展，滿屋子假畫由蘇格蘭場（Scotland Yard）提供，展品是蘇格蘭場的福爾摩斯們歷年掃蕩藝術市場的成果，其中最主要的贗品作者是約翰·邁耶（John Myatt），他被蘇格蘭場認為是20世紀最屌的仿冒者。

邁耶原本是一位平凡的美術老師，他靠賣臨摹名家的畫賺外快，一幅了不

錢培琛仿帕洛克的抽象畫
成交價是170萬美元

起賣250英鎊，一位名叫杜魯（Drewe）的人把他的畫送到拍賣公司，結果竟被估價2萬5000英鎊！自此兩人合作專賣贋品矇人，邁耶的贋品包括勃拉克、馬諦斯、傑克梅蒂、柯比意等著名大師的作品，杜魯甚至偽造博物館的收藏紀錄，騙過了佳士得、蘇富比等國際拍賣公司和歐洲著名畫廊，兩人也因此大撈一筆，直到杜魯的女友去舉報後才東窗事發。許多曾經為文稱讚的專家也因此極為難堪。邁耶還向警方透露他做假的祕方其實隨手可得。他說為了做舊，他運用了花園裡的泥土和吸塵器中的灰塵，最讓警方和專家掉眼珠的是，他為了呈現某些名家筆觸流暢的感覺，他在顏料中添加了房事使用的KY潤滑劑！

　　鋃鐺入獄的邁耶很快因為表現良好而假釋出獄，而他的故事也成為好萊塢的題材。不久前，英國一個畫廊舉辦名為「真的假畫」的特展，盡是畢卡索、莫內等名畫的贋品，只不過每一幅畫的後面都有約翰・邁耶的親筆簽名，這些真的假畫獲得極好的迴響，現在邁耶是光明正大的靠賣假畫賺錢，其實他出獄後，最不想做的就是畫畫，一直到他接了一筆畫家族肖像的生意後才重拾畫筆，那位業主正是當年逮捕他的蘇格蘭場警探。（原文刊載於《藝術收藏＋設計》雜誌2014年2月・77期）

【貳】
# 凡打過必留痕跡

　　我的高爾夫球袋放在一進門的顯眼處，距離上次下場已有一段時間。朋友Vincent經營高爾夫文摘雜誌社，他知道我多年來僅僅只下場打過一次球後，熱心的勸我多運動，聊著聊著，我突然問他：「你知道中國人打高爾夫球有多久歷史了？」

　　「起碼也有七、八十年吧？！」Vincent說。

　　「近一千年歷史了！」我有些神氣的說，

　　Vincent瞪大眼睛看我，

　　「故宮有圖為證，打球的還是皇帝。」我徐徐道來。

　　〈明宣宗行樂圖〉描繪了明宣宗拿著一根球棍，正瞄準地上一枚小球，準備將它擊出，不論是否是行家，看了此圖一定會說，宣宗正在打高爾夫，宣宗手持的球棍和高爾夫桿相同，球洞的洞口還插有色旗，邊上還有太監捧著球桿，就如同現在的桿弟，只是當時稱這運動的術語為「捶丸」。明朝泰半皇帝的素質不堪為棟樑，明宣宗是極少數能做事也能玩的一位皇帝。他重視書畫、愛美食、喜歡鬥蟋蟀，而捶丸是他餘興活動中排場較大者。

　　〈明宣宗行樂圖〉是一幅極為寫實的宮廷生活鉅著，畫面分為六部分，表現了射箭、馬伎、捶丸、投壺、坐轎

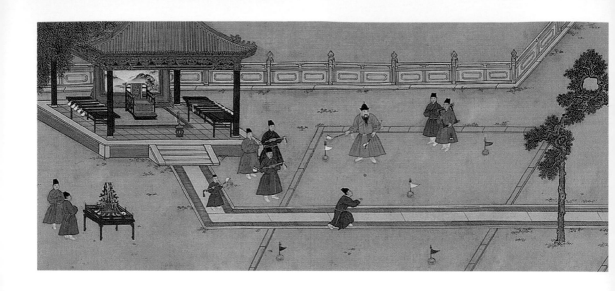

等活動。其中捶丸場景，全場共有十個窩，窩邊插不同顏色的彩旗，以示區別。並且還有人為障礙來代替野外山丘等，宣宗用的球桿，一根根分門別類放在特製的球台上，一旁還有兩人看守，另有兩人一人捧著一根推桿，等候主子來換桿。圖中場地面貌，旗、穴及擊丸的棒，太監（球童）的位置等，都是其來有自。

　　元朝至元十九年（1282年）的時候，有人編寫了《丸經》一書，可謂全世界最古老的高爾夫運動指南。這本《丸經》共有三十二章，從捶丸比賽規則到揮桿要領，甚至從球棒的製造到捶丸場地該如何保養均洋洋灑灑完整論述。捶丸所用杖，俗稱「棒」，有著不同的種類，如攛棒、杓棒、朴棒、單手、鷹嘴等多種，讓人在不同條件下選用，打出不同的球。它又依棒數多寡分為全副、中副、小副三種。全副包括十根棒，中副為八根、小副則在八根以下。由於高科技的運用，現代高爾夫球桿以鈦合金逐漸取代鐵製木桿，而古代的球桿製作也是很講究的，《丸經》

指出木頭要在秋冬之際取材，製作的時候則要選在春夏季節，球桿的握柄要用南方的大竹，黏著劑則是牛筋、牛膠。

古人捶丸也是以桿數論輸贏，與今日的規矩一樣。現代高爾夫球的規則是西元1754年蘇格蘭的皇家聖安卓古典高爾夫俱樂部（Royal and Ancient Golf Club of St. Andrews，全球最古老的俱樂部）所制定的，可是如果以中國的《丸經》出版為基準的話，那中國的高爾夫規則比歐洲還早上四百七十二年！

在台灣曾經一度將高爾夫視為貴族運動，是有錢人的專屬，依據《丸經》的描述，在宋朝時，從皇帝到市井小民都喜歡捶丸，尤其是宋徽宗和金章宗兩位更是領頭人物，宋徽宗的球具該是史上最騷包的，紀錄中說他的球桿以純金打造邊緣，頂上裝飾著玉器，球具是收藏在錦盒中的。

左頁上圖｜
〈明宣宗行樂圖〉中描繪的捶丸場景，全場共有十個窩，窩邊插不同顏色的彩旗，以示區別；圖為明宣宗捶丸的場景局部。

左頁下圖｜
〈明宣宗行樂圖〉描繪了明宣宗拿著一根球棍，正瞄準地上一枚小球，準備將它擊出，當時此運動稱為「捶丸」，相當於今日的高爾夫球運動。

上圖｜
首都博物館的絞胎捶丸

右圖｜
明朝的杜堇在其〈仕女圖〉中畫出當時貴族女性拖著長裙，在桿弟的伺候下全神貫注地捶丸。

宋金元明的中國高爾夫球桿現在是見不著了，不過，北京的首都博物館藏有古代的高爾夫球為憑，過去的球除了以癭木製作外，還有陶瓷製作的球，而且，這些出土的球，當年製作時就坑坑疤疤，顯然當時的人們就有流體力學的概念，這些坑洞就是為減低球在飛行的空氣阻力而設計的，和現代高爾夫球如出一轍。

蘇格蘭的皇家聖安卓古典高爾夫俱樂部

曾雅妮的裙擺搖搖掀起現代女性打高爾夫的熱潮，不過，古代的中國婦女可是穿著長裙打球的，明朝的杜堇在其〈仕女圖〉（北京故宮藏品）中就畫出當時貴族女性拖著長裙，在桿弟的伺候下全神貫注地捶丸。

老虎伍茲自幼就被認為是高爾夫神童，若不是古代的八股科舉和現代的補習毒害，我們也應該有很多優秀的高爾夫童星。2002年8月山東岱廟西城牆修復工程中出土了一組宋代石刻——〈童子行樂圖〉，石刻畫面造型生動，其中就有兒童捶丸玩耍的圖案，顯見當時的幼童打高爾夫就是生活中的一部分！

「你為什麼只有下場一次？下次我們一起去呀！」Vincent看我說得一口好球，忍不住問我。

「真的！？」這次換我瞪大了眼睛。

「當然啦！」Vincent熱情洋溢。

「我第一次下場是球場的老闆邀的，我每打一球就至少鋤草一次，才打九洞，球場就滿目瘡痍。之後，他再也沒邀請我去過了。」我如實以告。

手機鈴聲響了，Vincent接起來走出去講話，此後也沒再開口要和我一起打球。（原文刊載於《藝術收藏＋設計》雜誌2014年4月，79期）

【參】

# 古人的鳥事

何家村出土鸚鵡紋鎏金銀罐

台灣的電視鑑寶節目和國外一樣，端上來的寶物十有八九是贗品，身為鑑定師之一的我，好不容易看到了一件唐朝的銀背鎏金鸚鵡紋飾的銅鏡，製作精美，尺寸又大，這難得一見的文物也見證了「什麼人玩什麼鳥」，因為鸚鵡在唐朝是專屬富貴人家的寵兒。

陝西歷史博物館有一項收藏被認為是國寶，那是一件大口短頭，圓鼓飽滿的銀罐，罐體為純銀錘擊成型，和前述的銅鏡一樣是魚子紋地，主要紋飾鎏金，而紋飾主體就是鸚鵡！中國金銀器藝術在唐朝達到一個高峰，而這件在西安何家村出土的金銀器，根據考證，主人是邠王李守禮或唐代尚書租庸使劉震——唐朝權貴從皇帝開始都喜歡飼養鸚鵡。

文獻記載，唐玄宗曾經養了一隻身體通白的鸚鵡，叫雪衣娘，當唐玄宗和他的兄弟諸王玩賭博遊戲要輸時，唐玄宗的侍從便呼雪衣娘，雪衣娘就躍上賭盤，攪翻全局，只好從頭開始。有一天雪衣娘突然遭老鷹襲擊，一命

嗚呼。唐玄宗傷痛之情雖不至於如喪考妣，但堂堂一國之君還為此鳥搥胸頓足，並悲傷至極的立了鸚鵡塚。歷史也記載，楊貴妃曾教導雪衣娘背誦心經，這段貴妃陪鳥唸經的事，也成為博物館的鎮館之寶。1994年，內蒙古發現了一座遼貴族墓，裡面有一幅色彩如新的壁畫——〈楊貴妃教鸚鵡圖〉。楊貴妃面如滿月，眉似彎柳，丹鳳細眼，身穿寬袖袍，手持拂塵端坐高背椅上。條案上是平展的經卷，鸚鵡雪衣娘站立一旁，壁畫上還題寫著「雪衣丹嘴隴山禽，每受宮闈指教深，不向人前出凡語，聲聲皆是唸經音」。知道嗎？心經有兩百六十個字，而現代研究指出，鸚鵡竟有通曉兩千個單字的能力！中西方古代權貴人士喜歡鸚鵡無分軒輊，英國的維多利亞女皇曾飼養一隻鸚鵡還能高唱「天佑女皇」！

和音樂有關的唐朝鸚鵡，最有名的在日本奈良東大寺正倉院，那裡有一把舉世僅存的唐朝「阮」（一種四弦琴），紫檀為材質的阮在琴箱的背板上，以螺鈿嵌出美麗

下圖｜
唐銀背鎏金鸚鵡紋銅大鏡
右頁圖｜
正倉院阮上的螺鈿鸚鵡紋

的花朵圖案外，並有兩隻生動的長尾鸚鵡，其工藝之精細，後世所罕見。

鸚鵡在古代中國是舶來品，來源不是進貢，就是透過國際貿易所得。依據資治通鑑，有回新羅國王進貢了美女兩人，結果大嘴巴的魏徵說，此事不宜，也不知道唐太宗是腎虧，還是要故意展現他採納忠言的大量，結果唐太宗不但遣送兩名美女回國，還一併送了一對白鸚鵡給新羅國王，這也顯示鸚鵡的珍稀名貴程度。

同時也因為軍事用途，鸚鵡在當時達官貴人的心中更有地位。著名的邊塞詩人岑參就寫過「隴山鸚鵡能言語，為報家人數寄書」，足見鸚鵡當時還能傳遞軍情報平安。無獨有偶的是，一次世界大戰時，法國人帶著鸚鵡上艾菲爾鐵塔，因為鸚鵡能辨別遠方是否有飛機將來襲，那時的鸚鵡就是雷達兼早期預警機。

鸚鵡甚至也成為中國人傳遞佛法的重要事例，明朝的蓮池大師所編《往生集》，就曾經在「畜生往生類」中提過，唐朝河東的裴氏畜養了一隻鸚鵡，不但經常念佛，甚至過午不食；匪夷所思的是，這鸚鵡臨終時唸了十次阿彌陀佛才斷氣，更絕的是，遺體火化後有十幾顆光彩奪目的舍利子！

我一直很好奇，在沒有國語的年代，楊貴妃教鸚鵡唸心經，用的是現在的閩南語還是客家話？鸚鵡的多語能力不用懷疑，美國第七任總統傑克遜（Andrew Jackson）生前養過一隻鸚鵡，並且用英語和西班牙語教牠說話，傑克遜總統過世時，這隻鸚鵡出席了隆重的國喪典禮，結果弄得眾人瘋狂，因為這鸚鵡學的全是英語和西班牙語罵人的髒話。（原文刊載於

《藝術收藏＋設計》雜誌2014年9月，84期）

【肆】
# 要五毛給五十萬

幾天前，報端有消息謂，一名男子攜帶九支勞力士手錶入台，但未如實申報，海關委請「薈萃商標協會」鑒定後，認定那些是仿冒品，「薈萃商標協會」是許多名牌的商標代理商，因此為維護客戶權益，該會對手錶持有人楊姓男子提告，不料對方卻出具在日本免稅店購買的憑證，經其他鐘錶技師檢驗，確認這九隻勞力士都是正貨，滿臉

左圖｜
費斯托斯圓盤被指是大騙局

右圖｜
1800萬美金成交的破瓶子

右頁圖｜
卡拉瓦喬　賭博作弊者
1594-95　油彩、畫布
94.3×131.1cm

豆花的海關把「薈萃商標協會」給休了，不讓他們再為海關進行鑒定。

　　勞力士付錢給「薈萃商標協會」把關，結果自家人不識自家貨是蠻糗的，但專家的話也常讓人頭暈目眩。費斯托斯圓盤（The Phaistos Disc）是古希臘米諾斯文明的重要文物，被喻為人類歷史上第一件CD-ROM，其上有兩百四十一個圖案和四十五個神祕符號，有人說這是四千年前人們的詩作、經文、樂章，甚至是人類最古老的標點符號，總之是考古學界的未解之謎。2008年，一位美國學者提出震撼報告，指費斯托斯圓盤根本就是1908年自稱發現者的裴涅爾所自編自導的贗品，上面的圖案根本無任何意義。奇怪的是希臘政府面對質疑，卻以器物脆弱為由，拒絕將這史前CD-ROM交給有先進設備的單位進行研究。2014年一批希臘學者宣稱，他們已經解開這世紀之謎，說那些圖騰與生命之誕生有關，不過又強調研究還在進行

中。自從二十八年前我聽說臭氧層已經破了一個大洞，人類面臨存亡之際的說法後，我已經不再和專家們計較了，我想這人類歷史上第一件CD-ROM應該還有在Discovery頻道出現幾回的價值。

談到價值，拍賣公司的專家如果犯錯，代價將是如何？2006年，英國人史維茲（Lancelot Thwaytes）將一幅卡拉瓦喬（Caravaggio）的畫作〈賭博作弊者〉（The Cardsharps）交給蘇富比拍賣，專家看過後認為只是臨摹的作品，最後以4萬2000英鎊拍掉這幅畫，買家是赫赫有名的大收藏家馬洪爵士（Sir Denis Mahon），有天這老先生開九十八歲生日趴，公開這幅畫讓賓客共賞，並指出這幅畫經紅外線檢測，無疑的就是卡拉瓦喬的真跡，也轟動了英國各界，2011年馬洪爵士過世並將畫作捐給倫敦聖約翰博物館。原物主史維茲蒐集證據後，在2014年一狀把蘇富比告進法庭，他認為蘇富比未善盡責任仔細用科學方法檢測這幅畫，讓他蒙受重大損失，這幅畫是他叔叔在1962年花140英鎊（當年約8000多台幣）買到，如果畫是真跡的話，市場行情約為1000萬英鎊（4億9800萬台幣）！目前官司纏訟中，蘇富比在法庭引經據典全力捍衛他們的專業權威，甚至不惜指責史維茲所諮商的專家團隊不夠格。有趣的是，在大西洋另一端的紐約，蘇富比專家的權威見解，買家非但不甩，而且出現了要五毛給五十萬的場景。

2011年3月22日紐約蘇富比春拍，有一件有乾隆年款的〈霽藍描金開光粉彩花鳥暗刻松石綠釉如意雙耳尊〉，在拍品目錄說明上，蘇富比將其列為民國時期，估價為

上圖｜
大古董商戴潤齋

右頁圖｜
滿天星勞力士

800到1000美金，不僅如此，這件瓷器瓶身與底足斷開又黏合上，瓶口及耳朵鎏金部分還有些磨損。豈料拍賣當天，不但現場是people mountain people sea（絕大部分是中國人），連電話競拍的專線都滿線！一開拍，現場的老外買家都成啞巴，因為雖然低估價是800美元，但中國買家豪氣十足，競價是以百萬美元為跳階，就這樣出現了美金18,002,500的價格（新台幣5億4000多萬）！這是民國瓷的天價紀錄。事後中國買家們聲言這拍品就是乾隆官窯的作品，忙著數鈔票的蘇富比和賣方（大古董商戴潤齋的後人）完全沒有出面駁斥，相信這是你可以理解的。

有人帶名貴手錶入境不申報，基本原因是為企圖逃稅，如果入境美國連你手上自用的勞力士也必須申報。將近二十年前，一位台灣旅客手上戴著剛花幾十萬台幣買的鑲鑽滿天星勞力士去洛杉磯玩，因為沒申報被海關盤問，他瞎掰這是不值錢的仿品，所以認為不需申報，美國海關當面再向他確認這是仿品後，開了商標侵權的罰單給他，接著更突然拿起榔頭，當場將勞力士砸碎，連找專家都省了。（原文刊載於《藝術收藏＋設計》雜誌2015年1月，88期）

【伍】

# 先生，請問今晚跟誰睡？

　　台北市的西華飯店當年開業時，走的是精緻的歐洲風，老闆劉先生對於飯店的布局十分用心，並且將他收藏的珍貴古董和藝術品陳列其中。許多年前，西華飯店向警方報案表示有名畫遭竊，警方人員這才知道西華飯店通往洗手間走廊上掛的畫，居然是真的名畫！警方費力過濾許多錄影帶，也只能勉強湊出兩個可能是嫌犯的模糊身影。這件案子從未曝光，所以沒有引起外界注意。

　　不過有一幅畫則把圓山大飯店攪亂一池春水，2009年一位大陸南京藝術學院的教授出席一次交流活動，這位薛翔教授對記者們說：「剛為了上廁所，我在地下一樓的男廁驚訝發現，那裡竟然有一件傳家之寶，那是明代蘇州書畫家王寵的真跡。男廁中一共有四幅扇面書畫作品，包括王寵、文嘉、張世達、祝允明等四位，其他三幅我都不看好，唯獨王寵這幅，我可用學術聲譽擔保，一定是真跡。」薛翔甚

　　至推估，這件掛在廁所的作品當年市價值1萬美金。你不難想像這個驚天動地的發現，立刻讓台灣媒體瘋狂、圓山飯店抓狂的景象。

　　我難得有機會和文人交往，恰好精於篆刻書畫的陳宏勉先生就是我認識的少數文藝青年之一，事件上報第二天他特地去「參觀」圓山大飯店的廁所，然後說：「保證是假！」他　：廁所上掛的是複製品，是銅版紙印的，質感差很多，字跡的光澤、印章的厚度和真品都不一樣，尺寸也比真品小。但記者豈能放棄「以小坐大」的機會，繼續引用薛翔的話質疑圓山飯店走眼了，媒體的瘋狂迫使我的朋友——故宮的發言人金士先開口了，他鄭重的代表故宮召開記者會宣布：王寵的書詩扇面真跡在台北故宮，圓山飯店掛的是台北故宮出售的複製畫片，一張只要50元新台幣！而且當年故宮賣給圓山飯店複製品的承辦人之一就是金士先。

　　大陸的媒體繼續跟進出現續集，將那位以學術聲譽擔保的薛翔起底，說他不過是在南京藝院兼課，但主業是賣古董，還賺了不少錢，這我相信，台幣50塊的銅版紙都能估價30萬美金，豈能不發財？故宮的行銷腦筋也動得快，

在王寵成為媒體寵兒後，舉辦了一次王寵特展，把王寵的楷書、草書、行書等作品全搬了出來，在此之前，王寵就和王寶釧一樣，因為他的作品已經在故宮山洞的庫房裡待了十七年沒出來透氣了！

不過別以為圓山大飯店掛的畫盡是複製品，總統套房門上的「圓山別館」匾額就是歐豪年手書，總統套房內的走廊有吳昌碩和任伯年的條屏，進主臥室前是一幅張大千的潑彩，黃君璧的〈秋林觀瀑〉則是掛在書房內，我仔細一算，圓山大飯店的總統套房內總共有二十一幅名畫的真跡。我追蹤後還發現，圓山飯店當年還聘有專門的畫師為圓山作畫，目前圓山飯店一樓左邊的自助餐櫃檯後滿牆的松鶴圖，和右邊宴會廳的巨幅松壽圖都是已故陳姓畫師的作品。當年圓山創設時的主事者孔二小姐（孔令偉，即宋美齡女士的姪女）在管理上的確有豪情手筆！

腦筋突然一轉，應該建議我朋友圓山大飯店的董事長李建榮（好像我朋友還蠻多的）舉辦一項：「今晚跟誰睡？」的活動，除自身的收藏外，對外界廣徵名作借展，就像汽車旅館一樣，在牆上掛出張大千、吳昌碩、齊白石、任伯年、歐豪年、周澄的作品，甚至西方的畢卡索等人作品的照片，任憑房客挑選，凡一季內睡過十位畫家以

左上圖｜
圓山總統套房中書房的黃君璧山水

右上圖｜
圓山總統套房內吳昌碩和任伯年的條屏

左下圖｜
Art series酒店公開歡迎來偷的畫和保鑣

右下圖｜
班克西版畫被偷走上車的鏡頭

右頁左上圖｜
圓山專屬畫師所繪松鶴圖

右頁右上圖｜
歐豪年題的圓山行館

右頁右下圖｜
圓山總統套房的張大千潑彩山水

上的，再免費讓他睡一晚，並且贈送專人為客戶所畫的肖像畫，附庸風雅的富豪應該會到圓山大飯店排隊開房間。

　　飯店有名畫按理就必須防竊，但澳洲的Art Series酒店反其道而行，他們鼓勵入住的房客來偷名畫，推出了「偷走班克西」（Steal Banksy）的活動，酒店拿出一張藝術家班克西價值約50萬台幣的限量版畫〈No ball games〉掛在公開處，並設有保全，只要能偷走，畫就是你的。結果澳洲媒體瘋狂、酒店抓狂的是：班克西真的被偷了，一位女性假扮成負責要把藝術品搬到另一家酒店的公司員工，成功騙過酒店員工的盤問，甚至在酒店員工的幫助下，大搖大

擺把畫搬上了車，事後酒店員工雖然沮喪，但Art Series酒店則大大爆紅，50萬宣傳費還真划算。

　　當年西華飯店的名畫失竊案後來破案了，因為兩名嫌犯竟然食髓知味，又重回西華飯店伺機而動，而飯店為了擒賊，當時繼續在各處放上真畫作為釣餌，當嫌犯假裝用餐再度下手偷畫要離開時，事先已獲報埋伏的警方在西華飯店門外，一舉人贓俱獲，罪犯是兩位年輕的律師夫婦。

　　你們覺得我「今晚跟誰睡？」的點子公開後，圓山老董李建榮還會認我這朋友嗎？（原文刊載於《藝術收藏＋設計》雜誌2015年5月，92期）

【陸】

# 陳澄波很緊張

　　TVBS的一位主播在報導已故畫家陳澄波名畫遭竊的新聞時，一時口誤說出：「陳澄波本人也相當緊張。」外界批評「是否是觀落陰？」TVBS決定處分該主播停播兩週。其實，陳澄波在天之靈應該真的很緊張！

　　這起所謂陳澄波畫作失竊案發生在5月份，失主說五年前他以1600多萬元台幣在香港拍賣會上購得這幅〈鼓浪嶼之2〉畫作，現值3000萬元，放在收藏室被偷了，失主後來懸賞20萬元，就在主播被處分的兩天後，警方在嘉義逮捕劉姓男子，起出畫作，劉嫌與趙姓失主是二十多年老友，因他向趙調借兩、三萬元卻被拒絕，才會竊畫，準備要趙付錢贖回。有人稱陳澄波是台灣的梵谷；在埃及有一張遭竊的梵谷畫作，懸賞新台幣500多萬元。

　　2010年埃及開羅的莫罕默德‧哈利爾博物館（Mahmoud Khalil Museum）一幅只有30×30公分的小畫被偷，埃及的警察可忙瘋了，因為此畫〈罌粟花〉估計要值5000萬美元，是大名鼎鼎的梵谷作品。案發當天下午，文化部長胡斯尼（Farouk Hosni）宣布，警方在開羅國際機場拘捕了一對義大利男女，名畫也找到了，這超高效率的破案連當時的台灣媒體也報導了。但接著的發展可糗了，因

梵谷的〈罌粟花〉

為所謂的嫌犯是觀光客，所謂的贓物是他們買的複製品。五年過去了，儘管埃及富豪沙維里斯（Naguib Sawiris）懸賞17萬5000美元協尋，但這〈罌粟花〉還是杳無音訊。

　　所謂陳澄波的畫作被找到了，當然是件新聞，據媒體描述，那位失主趙姓古董商接獲警方通知，趕到高雄仁武分局，看到失而復得的畫作，神情相當淡定。他說嫌犯劉某是「很上進、孝順又努力的青年」，他對劉偷畫行為「會諒解，不會追究」，這和埃及政府的做法一樣。

　　前述提到的〈罌粟花〉其實早在1978年，同樣在哈利爾博物館就被偷走過，兩年後才在科威特找回來。當時埃及當局一直沒有公布過盜賊作案的詳情，也沒有說明畫究竟是在科威特何處找到的。當時埃及內政部長僅透露有

三名涉案埃及人落網，在警方盤問下供出〈罌粟花〉的下落，但至今沒人知道這三名嫌犯有沒有被起訴或坐牢。更勁爆的是，埃及已故的知名作家伊德里斯（Yusuf Idris）在埃及的報紙《金字塔報》（Al Ahram）上發表文章指出，掛在哈利爾博物館的〈罌粟花〉是贋品，真品早已被調包，並且在1981年（也就是埃及政府宣布破案後一年）以4300萬美元的高價在倫敦拍賣成交！現在〈罌粟花〉第二次被盜走，這幅畫是真是假成了解不開的謎。

　　去年是陳澄波的一百二十歲誕辰，一項大型紀念巡迴展從台南、北京、上海到東京最後至台北故宮博物院為總結，我流連展場幾次收獲良多。陳澄波以油畫見長，但當時讓我印象深刻的，是陳澄波最晚的作品：他1946年以嘉義參議會議員身分，到台南東山為民服務時，以墨筆勾畫的扇面；展場有陳澄波當年的註記：「我們是東洋人，不可以生吞活剝地接受西洋人的畫風」。顯然中國傳統水墨對他有很深影響。

　　台灣的本土畫家能登上國際拍賣的不多，陳澄波是其中一位，而且從1990年起他

的作品在市場上炙手可熱，2007年佳士得香港秋拍一幅陳
澄波的〈淡水夕照〉拍出了5072萬7500元港幣（約合2.12
億台幣），是他目前的最高紀錄。也因此，會有藏家將陳
澄波的畫送到香港一個非主流的拍賣公司，而讓高雄的這
位古董商買到，這真是罕見的情形。案發時，失主宣稱他
花了1600萬買來的，警方請他提出證明，他說找不到資料
了。蕭瓊瑞教授是陳澄波大展的策展人，在高雄失竊案發
生第二天，曾有記者找到他詢問被偷的〈鼓浪嶼之2〉這幅
畫，蕭教授的回答是：「沒有印象。」

　　你還要追問媒體連日報導的〈鼓浪嶼之2〉究竟是否為
陳澄波的真跡？T台的主播不就已經說了嗎？陳澄波他自己
本人也相當的緊張，希望大家一起來幫幫忙！（原文刊載於《藝術收
藏＋設計》雜誌2015年8月，95期）

【朱】

# 水太冷不能下

　　2015年10月，何創時書法藝術基金會在中正藝廊舉行萬曆萬象展覽，我在參觀時，聽到兩位妙齡女子在一幅書法前左一言右一句討論著：「他是男的！」、「她是女的！」，最後的結論是「管他的！」她們會疑惑的原因是，她們看的一幅書法是一篇洋洋灑灑，滿是大道理的古人書信，標示牌上的作者寫著錢謙益，但又括號註記為柳如是，同時作者圖像是位仕女，參觀者一無耐性仔細閱讀所有說明，二是對錢、柳兩位古人無任何概念所致。那幅書信作者落款的確是錢謙益，但是，日本專家考證其實是他老婆柳如是所捉刀代筆的，柳如是在成為人妻之前，她的身分是一位妓女，而且是被喻為「秦淮八豔」之首，也就是同業當中的大紅牌。更特別的是，當時的人們認為柳如是有色、有才、有情、有藝、也有義。

　　柳如是的老公錢謙益是明朝末年響叮噹的大學者，鄭成功就是受錢謙益的影響，發揮忠孝節義的精神致力反清復明，甚至和海盜出身的老爸鄭芝龍槓上。由於錢謙益是極著名的官員和學者，因此當他娶妓院出身的柳如是為妾時，引起很大議論，甚至有人對他出拳相向，而柳如是始終扮演了錢謙益了不得的賢內助。

電影《柳如是》的海報

當大明王朝潰敗，滿清軍隊兵臨城下之際，柳如是建議位居兵部尚書的錢謙益為保氣節和自己一起投水殉國，走到了江邊錢謙益猶豫不定，柳如是乾脆要自己跳下水，結果被她老公一把攔住。錢謙益後來變節投降滿清去了北京當官，在柳如是的勸說下半年後辭官回鄉，夫妻倆一起從事反清復明的地下活動。後來錢謙益被滿清逮捕下獄，還是靠柳如是四處奔走救回一條老命。後來的乾隆對錢謙益的投機行為相當不齒，因此，他們兩人的作品大都遭到禁毀。何創時基金會的「萬曆萬象展覽」讓我首次看到柳如是的書法真跡。

柳如是應該是出生於明朝萬曆四十六年（1618年），有人說她本姓楊，也有人說真實的姓連她自己也不知道，年幼就被人口販子賣到妓院，她才出道沒多久就因才氣而聞名，明朝末年有一位以笨而出名的內閣大學士（相當於宰相）周道登，他退休後雖然年逾花甲，但人老心不老，將柳如是贖身納為寵妾，常言道：「男人超過四十歲只剩一張嘴」，大概周道登就是典型之一，據說他時常抱著當年才十三歲的柳如是坐在他的膝上，教她讀文學詩，柳如是受寵惹來其他妻妾們的忌妒，當周道登蒙主寵召後，柳如是遭到逐出家門的命運，於是她又再度進入青樓。

當時的妓院也懂得品牌經營，推出了「吳江故相愛妾」的概念，立刻轟動江南，加上此時的柳如是能詩詞、擅書畫、精音律，拜倒石榴裙下者比比皆是。柳如是比唸過MBA的人還會創業，因為她二八年華時買了一艘畫舫自立門戶，當官的、有錢的、有才的都紛紛慕名而來，就像

白居易所說的「五陵年少爭纏頭，一曲紅綃不知數」。但
大家很快理解柳如是看男人的眼界很高。

　　風塵中打滾的柳如是在嫁給錢謙益之前也曾動過真
情，當時「雲間三子」之一的宋徵輿一度和她愛得死去活
來，只是宋徵輿是個聽話的媽寶，宋媽媽極力反對風塵女

左右頁圖｜
柳如是代筆的行書冊
（何創時基金會提供）

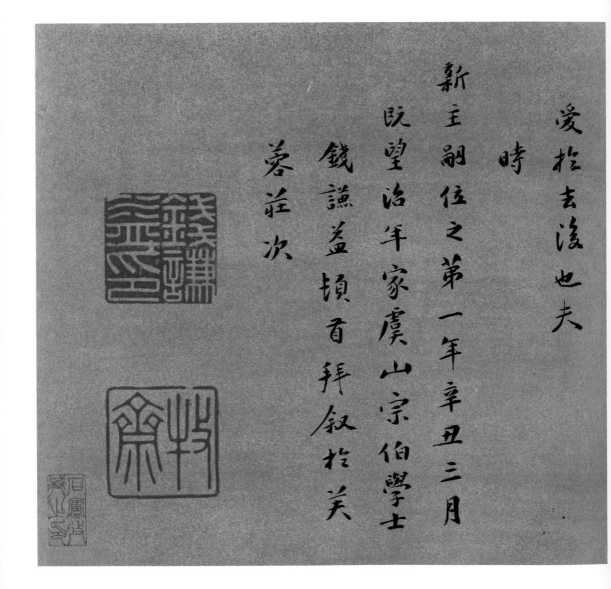

子和兒子往來，於是兩人的愛情無疾而終。「雲間三子」中的陳子龍後來也和柳如是發展出戀情，兩人同居，出雙入對，柳如是還為陳子龍寫過一篇〈男洛神賦〉，讓陳子龍對她折服和疼惜不已。直到有一天，陳子龍的老婆率人衝進他們同居處所大鬧一番後，柳如是又孤身隻影了。幾

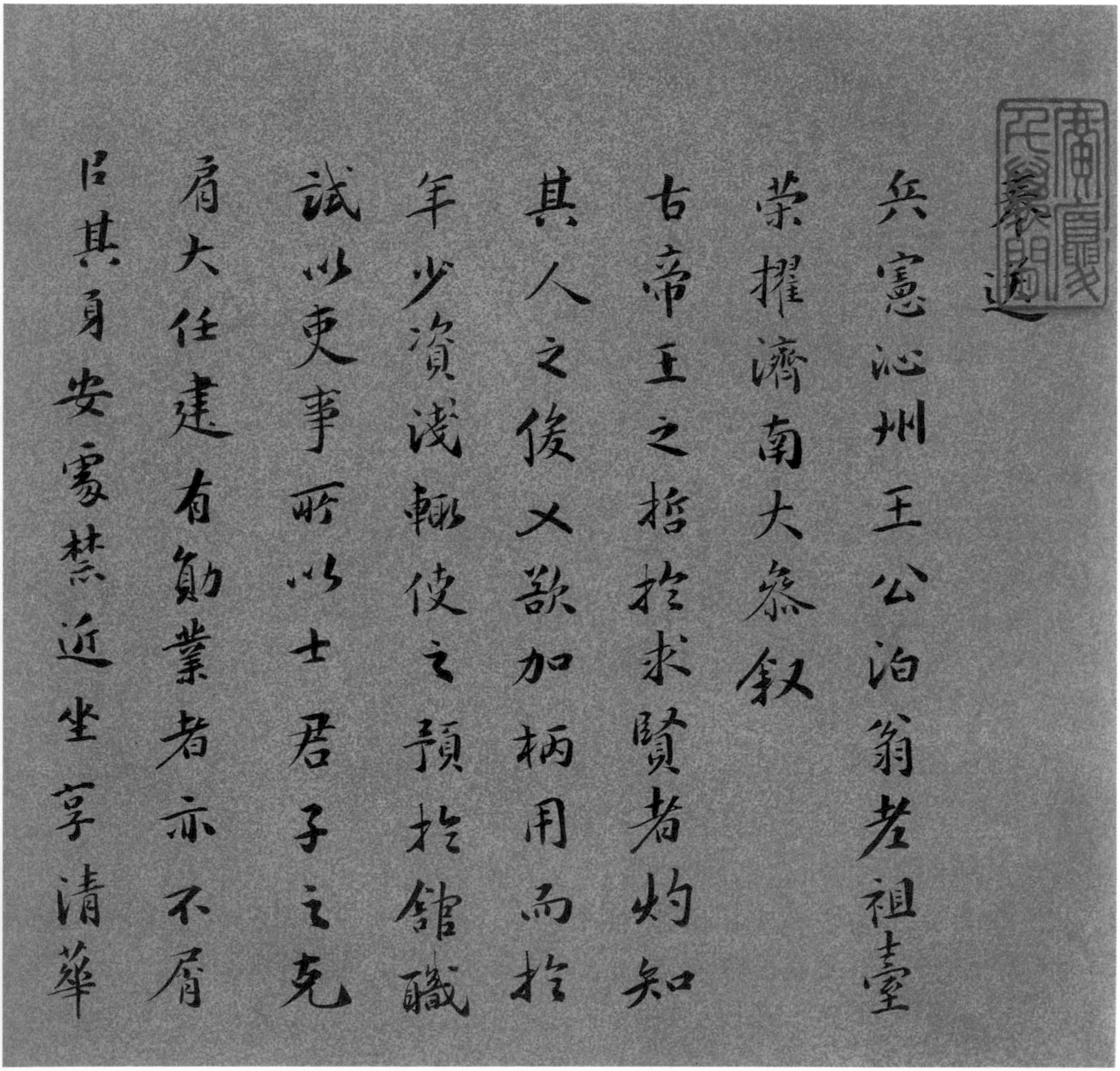

兵憲沁州王公泊翁考祖臺
榮擢濟南大參敘
古帝王之招揽求賢者灼知
其人之後又欲加柄用而招
年少資淺輒使之預於館職
試必吏事所以士君子之克
肩大任建有勳業者亦不屑
呂其身安富尊近坐享清華

年後，柳如是才嫁給錢謙益，當時柳如是二十四歲，錢謙益六十四歲，兩人並生了一女。

　　人去也，人去鳳城西。細雨濕將紅袖意，新蕪深與翠眉低。蝴蝶最迷離。
　　人去也，人去小棠梨。強起落花還瑟瑟，別時紅淚有些些。門外柳相依。
　　人去也，人去夢偏多。憶昔見時多不語，而今偷悔更生疏。夢裡自歡誤。
　　人去也，人去夜偏長。寶帶乍溫青驄意，羅衣輕試玉光涼。薇帳一條香。

　　這是柳如是在和陳子龍分手後所寫的〈夢江南〉部分詞句，她的才情與風情，連數百年之後的民國大學者陳寅恪在雙眼已盲，雙腿又斷的晚年，以口述方式完成高達八十多萬字的《柳如是別傳》，由此可見柳如是的魅力。三年前，柳如是別傳改編成電影，劇情為柳如是和陳子龍及錢謙益的三角關係，飾演錢謙益的是久違的明星秦漢。真實世界裡的陳子龍後來領軍抵抗滿清，毫不屈服，結果戰敗被俘，他趁隙投河自殺，被割下首級，拋屍河中。乾隆年間追贈諡號忠裕。

　　那天看完展覽和友人相聚，席間大家聊起國民黨換柱一事，大都能理解國民黨為了選戰考量採取此舉，但不分藍綠立場，眾人對之前國民黨A咖千呼萬喚就是不肯出來參選而搖頭，我趁機鼓勵大家去看萬曆萬像展，眾人突兀之際，我說了一遍柳如是的故事，並問大家「知道當年錢謙益到了江邊是如何回應柳如是有關跳水殉國的想法嗎？」，大夥兒望著我等答案。飽讀聖賢書的錢謙益說的是「水太冷不能下！」（原文刊載於《藝術收藏＋設計》雜誌2015年11月，98期）

# 博物館出土的紅樓夢

佛陀紀念館出版的《畫說紅樓》

那一天大陸朋友傳微信問我「去看紅樓了沒有？」我追問細節，結果看了他的回覆後，我跳了起來，趕緊電話聯絡安排採訪，因為我竟然毫不知情全世界唯一一套最好的《紅樓夢》繪本到台灣展覽了。

2015年10月2日至11月22日，有兩百三十幅清代的彩繪圖畫在南台灣的佛陀紀念館展出，這些圖畫其實是一本連環畫。1959年7月，上海文物保管委員會（上海博物館的前身）得到了一套《紅樓夢》的畫冊，沒人當它是一回事，不久上海文物管理委員會就將它調撥給了旅順博物館，接收單位依然沒當它是一回事，將近二十年後，旅順博物館大掃除，才在倉庫發現他們有這本《紅樓夢》繪本，才重新登記造冊。2004年，在北京的國家博物館舉行展覽，這繪本出現後大家傻眼了，因為「紅學」在國際上是一門顯學，但從沒有人知道這世上竟存有如此完整和精彩的《紅樓夢》繪本，它進入上海文物管理委員會到正式公開亮相，被「埋沒」了將近半個世紀之久，真可謂是在博物館出土的珍寶。

這本連環畫的作者是孫溫、孫允謨叔侄兩人，他倆有啥背景？至今沒有完全可信的考據，有人說孫溫生於

嘉慶二十三年（1818年），可能長壽直到中華民國成立以後才過世，而這套畫應該是從同治六年畫到光緒二十九年（1903年）才完成，前後花了三十六年之久！這本《紅樓夢》以繪畫的形式表現，畫心是絹本，長43.3公分、寬76.5公分，絹包木板的封面，雖然講究，但無題簽、無題跋。這種畫很難因為是個人興趣所為，最大的可能性是孫氏叔姪接受委託訂製的，可惜沒有具體資料可查。

2008年，中國嘉德拍賣出現一套共四函三十二冊的《紅樓夢一百二十回》，那是《紅樓夢》成書後的第一個印刷本，稱為「程甲本」，據我所知，這套書是由幾個殘卷湊齊的，中國大陸的國家圖書館、北京大學、中國社科院存有這「程甲本」，但有的也是殘缺不齊，這乾隆時期出版印刷的套書，除文字外還有畫作，最後以212.8萬元人民幣成交，如果是現在進行拍賣，價格一定更嚇人。而在佛陀紀念館展出的《紅樓夢》繪本不僅是孤本，它的繪畫創作更是無可比擬。也因此中國大陸將其列為一級文物！

看過孫溫筆下的大觀園，你就會知道現在台北所謂的豪宅太小兒科了，《紅樓夢》稱大觀園是「天上人間諸景備，銜山抱水建來精」，但基本上是一個有所本的虛構建築體，有人說曹雪芹是將北京恭王府和南京隨園併合成大觀園，而孫溫在繪本中將亭台樓閣、山水造景、花卉樹木、舟車轎輿、家具擺設和博古雜項都精細描繪，我想孫溫也花了相當心力設法進入豪門巨戶，實地觀摩，才能完

左圖｜
賈寶玉和林黛玉吃螃蟹賞景的情形

右圖｜
紅樓繪本賈寶玉和襲人初試雲雨

右頁圖｜
孫溫所繪的大觀園

成這等作品，一位平民畫師僅靠想像力是很難達到的，也難怪他要花那麼久的時間去創作。這套繪本採用了「遠大近小」的西洋繪畫技法，設色凝重，筆法精細，有人計算繪本中的人物就超過三千七百人！但我覺得也未必每幅畫都很生動。

「襲人伸手與他繫褲帶時，不覺伸手至大腿處，只覺冰涼一片沾濕，唬得忙退出手來……。」這是《紅樓夢》第六回「賈寶玉初試雲雨情」中的一段文字描寫，其中文詞簡潔，但我當年看時覺得煽情不已，現在我看過那麼多「重鹹」口味的畫面資訊後，再看孫溫在這繪本所描繪的情節就感覺十分平淡，毫無激情衝動可言，當然這也反映出那時的創作尺度。

對我這俗人而言，孫溫描繪賈寶玉吃螃蟹的畫面比曹雪芹的筆下來得精彩，螃蟹宴擺在藕香榭，丫頭一旁煽風爐煮茶、燙酒，桌面螃蟹「澎派」，飲罷黃酒還可在蓮池水景旁吹風，光看那繪本中迴廊曲橋的畫面都覺得快意。曹雪芹的布局呢？

賈寶玉：持螯更喜桂陰涼，潑醋擂姜興欲狂。……
林黛玉：鐵甲長戈死未忘，堆盤色相喜先嘗。……
薛寶釵：桂靄桐陰坐舉觴，長安涎口盼重陽。……

　　是啊，他們寫的詩都很美，但要我詠詩助興才能吃蟹，我大概只能一直搔頭吞口水了。

　　曹雪芹的《紅樓夢》多次提到茶的話題，出現過六安、老君眉、普洱、女兒紅等茶，也提過煮茶的水包括舊年蠲的雨水，還有五年前梅花上收的冬雪，也不知曹雪芹是不是掰的？總之那就是大戶人家的生活。孫溫所畫的喝茶場景，就無法像《紅樓夢》所寫的那般細膩和奢華。極可能孫氏叔姪一輩子也沒喝過好茶，也沒看過官窯的茶杯，所以無從下筆。

　　由於旅順博物館的《紅樓夢》繪本很精彩，所以我常逢人便說，並且以博物館出土的《紅樓夢》來形容，有一次三五新舊好友在閒聊時，其中一位新朋友邀請大家去他家喝「大戶人家出土的老普洱」，他說有人從民國時期的雲南昆明大戶人家的家中找出一批珍藏數十年的普洱，他想全買，對方只願讓他三分之一，眾人興致勃勃，唯我稱有事不克前往。

　　後來有人問我為何不去？我說：「旅順博物館的倉庫發現《紅樓夢》繪本的孤本已經夠稀奇了，昆明居然會有人家早在幾十年前就珍藏普洱？那豈只稀奇！」朋友不解，我告訴他，雲南人以前是不喝普洱的，甚至現在喝普洱的雲南人也是少數，而且是因為近些年台灣人的影響所致！此外，民國的人也沒存放老茶的做法和觀念，我說：「這種大戶人家出土的普洱，我還是敬謝不敏了」。（原文刊載於《藝術收藏＋設計》雜誌2016年3月‧102期）

# 人物與故事卷

齊白石、張大千對青春少女的迷戀

和他們對藝術創作一樣的堅持

于右任的書法成為人人追捧的金雞母

但他的銅像頭顱被扔到深谷無人聞問

【實】

# 喜歡出家的皇帝

好朋友興起請我吃飯，電話中他告訴我餐廳位置，我立即建議換地方，因為他安排的是素食餐。

「你排斥吃素？」朋友問我。

「沒的事，只是我不喜歡做成雞鴨魚肉形狀的素菜，我也不太了解為何有自認虔誠的佛教徒，會喜歡去吃那樣的食物！」我回應道。

「信佛的人吃素正常呀！」好友說。

我告訴他：「過去佛教徒其實是葷素不拘的，佛陀也沒規定吃素！……喂！喂！你還在嗎？」我呼喚對方，因為話筒那端突然沒聲音了。

「你繼續說吧……」聽得出他一定認為我在唬嚨他。

中國佛教徒吃素是直到蕭衍當了皇帝才開始的，佛教是從印度傳到中國來的，當時中國僧侶是吃葷食的。至今西藏和斯里蘭卡、日本等地的佛教徒及喇嘛、僧侶大部分是吃葷的。

這位改變歷史的南朝梁武帝蕭衍一表人才，文質彬彬，並有富貴氣質，這可從元代公主祥哥剌吉（元世祖忽必烈的曾孫女、順宗答剌麻八剌的大女兒）的收藏窺見。祥哥剌吉所收藏的絹本設色畫梁武帝畫像，梁武帝身穿低

右頁圖｜
梁武帝畫像

胸高腰的對襟大袖寬衫，頭上戴著捲梁通天冠，左手持笏，右手伸著兩指彷彿在說法一般，這幅極為罕見的帝王畫像現在是台北故宮的藏品，但是很少公開展示。一位皇帝擺出傳道說法的模樣，當然很是不尋常，唐代詩人杜牧在〈江南春〉寫道「南朝四百八十寺，多少樓台煙雨中。」最能顯示佛教在當時的興盛。蕭衍不僅是虔誠的佛教信徒，他在當了皇帝後還喜歡出家！

西元520年，梁武帝改元普通，可是這皇帝的作風一點都不普通，普通八年（527年）這位皇帝突然跑到同泰寺出家，不過只當了三天僧人就回宮了。兩年後，他到同泰寺舉行法會時，又忽然脫下黃袍，穿上袈裟，並且開始講起經來。國不可一日無君，於是他的大臣緊急開會後，共同籌款一億錢，掰了一個「皇帝菩薩」的名義，把皇帝老子給贖回。西元546年蕭衍的「症頭」又發了，他第三次出家，這次文武百官又將他贖回，代價是兩億錢！隔年，梁武帝蕭衍又遁入空門去同泰寺講法了。為跑三點半有點腿軟的群臣們不得已還是用鈔票把他贖回，只是贖金減為一億。這種肥了僧人，苦了蒼生的作法，後世很多學者強烈批判，甚至當時梁武帝的一員手下郭祖深上奏蕭衍：「都下佛寺五百餘所，窮極宏麗。僧尼十餘萬，資產豐沃。」因此主張應該將小型寺廟及無所事事的

梁武帝修陵前的天祿石雕

僧尼廢除，當然一頭熱的蕭衍並沒有採納。梁武帝後來用人不當，又不採忠言，結果釀成歷史課本所提的「侯景之亂」，使得南梁覆亡！

以歷史的發展而言，南朝經歷宋、齊、梁、陳四個朝代，南梁在蕭衍的治理下達到了兩百年內的繁榮最高峰。今天梁武帝長眠的修陵前僅存的石雕天祿，昂首挺胸的生動型態，雕刻極其精細優美，不但反映當時的富強，至今也是中國歷史上極為重要的雕塑藝術代表作。

早年的梁武帝是位勤於政事的君主，歷史記載他四更天就起床點蠟燭批公文！梁武帝是中國歷史上相當特別的皇帝，一是他很長壽，他在位了四十八年，享年八十六歲，是中國歷史上僅次於乾隆的長壽皇帝。二是學富五車的梁武帝，他創立了釋道儒三教同源的說法，對中國的宗教發展有深遠的影響。梁武帝信佛後不近女色也不吃葷，並且下令全國，所有祭祀活動不能用豬牛羊，要以蔬菜代替，大臣們紛紛上表反對。最後蕭衍稍微讓步，只同意允許用麵粉捏成牛羊的形狀來祭祀，不過從此也建立了中國僧人至今已長達一千六百年的吃素規範系統。

「七點了，可以換地方吃飯了嗎？」我對著話筒說，

「你說那麼多，口渴了？」朋友在電話中關心的問，

「我不想和梁武帝一樣。」我說，

「還是不想吃素？」朋友又問，

「不是，梁武帝被侯景圍困後，他是被活活給餓死的！」我沒氣力的說。（原文刊載於《藝術收藏＋設計》雜誌2014年3月・78期）

【貳】

# 香消玉未殞

今年幾度應美國運通及瑞士銀行邀請發表演講，談的主題是「翡翠」，有人質疑翡翠僅是東方老女人喜歡的首飾，這問題太好了，我舉了一個例子芭芭拉·霍頓（Barbara Hutton）說明，當時絕大多數的台灣觀眾對我提的人名很是陌生，前不久，有人對我說：「戴主播，你講的珠子是真ㄟ！」，他所謂的珠子是一串翡翠珠鍊，2014年4月7日，這串珠鍊在蘇富比香港春拍以2億1400萬港幣成交，創下翡翠首飾價格的世界紀錄，買家是著名的珠寶公司卡地亞（Cartier）。珠鍊最早擁有者就是芭芭拉·霍頓，那是她的結婚禮物，芭芭拉首次戴上這串珠鍊出席活

# 藝術家雜誌社 收

## 10644 台北市金山南路(藝術家路)二段165號6樓

6F., No.165, Sec. 2, Jinshan S. Rd. (Artist Rd.), Taipei 106, Taiwan
TEL : (02) 2388-6715　FAX : (02) 2396-5707

**Artist**

姓　　名：＿＿＿＿＿＿＿＿＿＿＿＿　性別：男□ 女□ 年齡：＿＿＿＿＿＿＿

現在地址：＿＿＿＿＿＿＿＿＿＿＿＿＿＿＿＿＿＿＿＿＿＿＿＿＿＿＿＿＿＿

永久地址：＿＿＿＿＿＿＿＿＿＿＿＿＿＿＿＿＿＿＿＿＿＿＿＿＿＿＿＿＿＿

電　　話：日／＿＿＿＿＿＿＿＿＿　手機／＿＿＿＿＿＿＿＿＿＿＿＿＿＿

E-Mail：＿＿＿＿＿＿＿＿＿＿＿＿＿＿＿＿＿＿＿＿＿＿＿＿＿＿＿＿＿＿

在　　學：□ 學歷：＿＿＿＿＿＿＿＿　職業：＿＿＿＿＿＿＿＿＿＿＿＿＿

您是藝術家雜誌：□今訂戶　□曾經訂戶　□零購者　□非讀者

客戶服務專線：**(02)23886715**　E-Mail：**artvenue1975@gmail.com**

# 藝術家書友卡

感謝您購買本書,這一小張回函卡將建立
您與本社間的橋樑。我們將參考您的意見
,出版更多好書,及提供您最新書訊和優
惠價格的依據,謝謝您填寫此卡並寄回。

1. 您買的書名是:＿＿＿＿＿＿＿＿＿＿＿＿

2. 您從何處得知本書:

　□藝術家雜誌　□報章媒體　□廣告書訊　□逛書店　□親友介紹

　□網站介紹　□讀書會　□其他

3. 購買理由:

　□作者知名度　□書名吸引　□實用需要　□親朋推薦　□封面吸引

　□其他＿＿＿＿＿＿＿＿＿

4. 購買地點:＿＿＿＿＿＿＿市(縣)＿＿＿＿＿＿＿書店

　□劃撥　　　□書展　　　□網站線上

5. 對本書意見: (請填代號 1.滿意 2.尚可 3.再改進,請提供建議)

　□內容　　　□封面　　　□編排　　　□價格　　　□紙張

　□其他建議＿＿＿＿＿＿＿

6. 您希望本社未來出版? (可複選)

　□世界名畫家　□中國名畫家　□著名畫派畫論　□藝術欣賞

　□美術行政　□建築藝術　□公共藝術　□美術設計

　□繪畫技法　□宗教美術　□陶瓷藝術　□文物收藏

　□兒童美育　□民間藝術　□文化資產　□藝術評論

　□文化旅遊

您推薦＿＿＿＿＿＿＿作者 或＿＿＿＿＿＿＿類書籍

7. 您對本社叢書　□經常買　□初次買　□偶而買

動的照片，立刻風靡了美歐各界，當時芭芭拉只有二十一歲。

蘇富比在宣傳中形容這串珠鍊「顏色濃而不悍、柔而不薄、潤而不膩，堪稱郁綠柔亮。」說真的，這串珠鍊不是我看過顏色最好的，但也絕對是稀有之物。曾經有位收藏翡翠的女士告訴我，幾十年前，她常在美國的店鋪中撿到寶，因為老美不熟悉翡翠，常把它當成綠色石頭所製成的一般工藝品，因此，很便宜就買到了。不過，芭芭拉的翡翠珠鍊在當年就系出名門，這二十七顆翡翠珠直徑最小的有15.4公釐，最大的一顆是19.2公釐，扣鏈頭是紅寶石和鑽石所鑲成，設計生產的珠寶商正是這次拍賣非得搶到手的買家卡地亞！

芭芭拉‧霍頓的家世顯赫無比，她的外祖父法蘭克‧伍爾沃斯（Frank W. Woolworth）是美國過去最大的連鎖百貨公司伍爾沃斯（Woolworth）的創辦人，公司的總部在紐約百老匯大道上，這座哥德式建築迄今仍是紐約重要的地標，從1913-1930年，伍爾沃斯大樓也是全球最高的建築。芭芭拉的父親富蘭克林‧洛斯‧霍頓（Franklyn Laws Hutton）所創設的E. F. Hutton，當年是美國第二

大的證券交易公司。芭芭拉的首任丈夫是喬治亞公國的王子亞歷克斯・米德瓦尼（Alexis Mdivani）。不過，這人中之鳳的風光背後盡是辛酸！

芭芭拉的老爸是位老婆管不動的花花公子，芭芭拉五歲那年的某夜，母親寫了張紙條塞在芭芭拉枕頭下，然後回房服毒自殺，芭芭拉醒後，房間裡除了孤寂就只有她母親冰冷的遺體，當時她們的「家」就是著名的廣場大飯店（Plaza Hotel）。在外祖父母相繼過世後，芭芭拉成為擁有兩千多家百貨公司的伍爾沃斯產業繼承人。她的財富有900萬美元，相當於現在的50億美元（1500億台幣）！當她成為世界上最有錢的女人時，那年她僅十二歲。芭芭拉成年後也和父親一樣是個派對動物（party animal），當然也是狗仔隊絕不會放過的對象。基本上，現今的希爾頓酒店集團承繼人派瑞絲・希爾頓（Paris Hilton）和小甜甜布蘭妮在媒體上的風頭，和芭芭拉相較都瞠乎其後。不過不少美國的名嘴們覺得歷任美國社交名媛中，芭芭拉比較有品味。

我覺得芭芭拉也收藏男人，因為她不僅曾經是王妃，更曾歷經七次婚姻，其中第三任老公是帥翻天的好萊塢巨星卡萊・葛倫（Cary Grant），除了卡萊之外，其他人在離開芭芭拉之後都成為有錢人。人人稱羨的芭芭拉在梅開二度後，生下獨子藍斯（Lance）。芭芭拉六十歲那年心力交瘁，柔腸寸斷，因為她的獨子藍斯因空難而去世！1987年美國NBC推出了一部轟動的電視連續劇，女主角由法拉佛西（Farrah Fawcett）擔綱，劇情描寫的就是芭芭拉・霍頓的一生，片名很傳神：Poor Little Rich Girl（可憐的小富家女）。

人們常說「有錢人和你想得不一樣」。的確如此，珠寶首飾對於一般人是奢侈品，對於芭芭拉來說，珠寶是她的生活必需品。而且芭芭拉的珠寶都是世界一流的。被送

右頁左圖｜
1987年美國NBC推出了電視連續劇《可憐的小富家女》，劇情描寫的就是芭芭拉・霍頓的一生。

右頁右圖｜
2014年4月7日，芭芭拉・霍頓的翡翠珠鍊在蘇富比香港春拍以2億1400萬港幣成交，創下翡翠首飾價格的世界紀錄，買家是著名的珠寶公司卡地亞。

上斷頭台的法國瑪莉皇后，她生前所配戴的珍珠項鏈也曾是芭芭拉的藏品。1848年埃及貴族帕嘉（Pacha）取得一顆重達40克拉的鑽石，這顆鑽石後來消失無蹤，再度現身時已是芭芭拉的掌中物，而且她重新設計、切刻成她喜歡的樣子，這顆重38.19克拉的圓鑽至今還是世界紀錄！

芭芭拉整日長裙輕舞媚如水，雲鬢絲絲擾人心，用金錢去填補她內心的空虛，最終她把那串翡翠珠鍊慷慨地送給了姊妹淘、也是皇室成員的路易絲·范艾倫（Louise van Allen）。而她治理無方，花錢如流水的生活，則導致了伍爾沃斯帝國的衰亡。

尼娜·米德瓦尼（Nina Mdivani）公主在1988年將珠鍊送拍，以200萬美元天價成交，成為全球最高成交價的翡翠首飾。六年後，珠鍊再次現身拍場，成交價已飆升至420萬美元，繼續蟬聯世界最貴重的翡翠飾品。1979年5月，曾是世界最富有的女人芭芭拉，因心臟病突發病逝於加州的一家飯店，享年六十六歲，當時她的銀行存款只剩3500美元。（原文刊載於《藝術收藏＋設計》雜誌2014年5月，80期）

## 【參】被遺忘的白銀帝國

　　有一回為了解饞，飛去香港吃了一頓美食，待了一夜，買了些伴手禮，在赤鱲角機場喝杯咖啡，回到台北又去了趟超市買水果，到家叫了份Pizza Hut後，驚覺「我被英國人控制了！」因為我香港住的文華東方酒店、用餐所在的交易廣場大廈、買小點當禮物的美心西餅、機場的星巴克和台北的超市Jasons，以及巷口的Pizza Hut，全部是怡和洋行的產業！不免有物換星移之感，因為世界知名的怡和洋行當年其實是copy中國怡和行的名字。

　　十多年前，美國《亞洲華爾街日報》選出一千年以來全球最富有的五十人。有六位中國人和洛克菲勒、比爾‧蓋茨並列巨富名單，他們分別是成吉思汗、忽必烈、劉瑾、和珅、宋子文、伍秉鑒。你最陌生的伍秉鑒（1769-1843）就是當年怡和行的老闆。怡和行是當年「十三行」之一，所謂

下圖｜
19世紀的廣州十三行

右頁左圖｜
伍秉鑒油畫肖像

右頁右圖｜
伍秉鑒的花園油畫成為外文書籍的封面

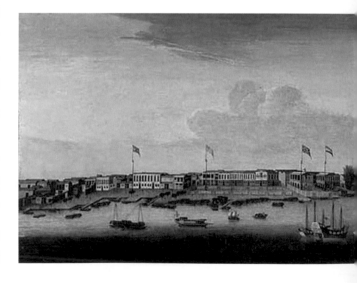

Heaven is High, the Emperor Far Away

Valery M. Garrett

十三行是清朝時期的特權買辦圈子，凡是對外貿易交涉，老外、老中都必須透過十三行，十三行是一種通稱，實際行號數目超過十三家。在鴉片戰爭之前，廣州十三行每年繳的稅銀約180萬兩，是廣東地方財政收入的60％、清政府年關稅收入的40％！香港藝術館有一幅以「烈焰衝天」為主題的油畫藏品，描繪的是道光二年（1822年）廣州十三行的一場火災，大火足足燒了七天七夜，財物損失高達4000萬兩白銀，被燒融的白銀流到水溝，竟然綿延一、兩里遠！由此可見十三行之富裕。

　　2009年牛津大學出版社出版了一本名《天高皇帝遠》（Heaven is High and the Emperor Far Away）的書，探討清末的對外貿易，書的封面是一座中國花園的老油畫，那就是當年伍秉鑑的宅園之一，至於伍秉鑑多富有？目前唯一具體指出他財富數字的是一位老外威廉‧杭特（William Hunter）。杭特在十三歲時來到中國，他在一本書《廣州「番鬼」見聞錄》（The "Fan Kwae" at Canton）中說，伍秉鑑的資產合計有2600萬銀元，折合白銀1820萬兩，而

大清帝國一年的財政收入是 2671萬兩白銀，那時西方「最好野」的人，也不過只有700萬銀元。伍秉鑒甚至還是英國東印度公司最大的債權人！伍秉鑒也是進行跨國投資的中國先驅者，這位道光時代的人曾投資美國的保險業、證券業，其子伍紹榮還投資美國鐵路建設。從美國到歐洲、從印度到新加坡都有伍家的投資活動。美國總統羅斯福在接見當年的中國駐美大使胡適時，還主動提及他的家族長輩和伍秉鑒有深厚情誼！羅斯福說：「**住在巴黎的姨媽去年還收到伍家送來的兩箱茶葉禮物！**」羅斯福接見胡適的時間是在1939年，也就是說伍家和羅斯福家族有超過百年以上的交情，那次會面後，羅斯福總統批准了對中國的貸款，使陷入艱辛對日作戰的中國獲得甘霖。其實胡適博士壓根也不知道誰是伍秉鑒，也更沒想到清朝時期的一名買辦商人，竟然會在百年後幫了他一把。從目前留存的伍秉鑒油畫肖像看來，他的面相和已經過世的大企業家王永慶有些神似，而這些伍秉鑒油畫肖像，恰好也為中國油畫史演進留下珍貴的印記。

　　儘管十三行壟斷了清末對外貿易，但是十三行是一門強制性永續經營的生意，也就是說，當清廷給了這項特權後，無論經營是好是壞，就是不可以拍拍屁股關門走人。而做生意總是有風險，有一年，十三行之一的老行商黎光遠因經營不力導致破產，家當賠光已經很淒慘了，但依照官方的規定，原來是大老闆的黎光遠被發配新疆，充軍伊犁，那時伸出援手支助黎光遠流放生活費用的便是伍秉鑒，有人統計伍秉鑒向瀕臨破產的行商放款融通的金額，最高時多達200多萬銀元，伍秉鑒擔當總商（行商領袖）角色多年，固然內外上下打點得當，但花無千日紅，因為洋人銷售鴉片一事，伍秉鑒被欽差大臣林則徐找去斥責數次，伍秉鑒心知大禍將來。

　　當時一位還必須依附伍秉鑒的年輕英國商人威廉‧渣甸（William Jardine），不滿林則徐的禁煙作為，回倫敦進行遊說，使得英國國會同意出兵中國發動了「鴉片戰爭」。1942年戰敗的中國要賠款2100萬兩白銀，其中100萬兩由伍秉鑒一人扛下！十三行也失去了壟斷特權，此時的伍秉鑒意志消沉的告訴友人：他想移民美國。在同一時間，那位年輕的英國商人威廉‧渣甸趁勢把自己公司的名字渣甸洋行改成怡和洋行，並從廣州遷到上海，擴大在中國的發展。

　　不到一年後，曾牽一髮而動歐美的世界首富伍秉鑒過世，他的白銀帝國怡和行逐漸從人們的記憶中消失……。

　　至於1832年由老外創建於中國的怡和洋行，現在是遠東最大的英資集團，2012年的營收是604億美金。（原文刊載於

《藝術收藏＋設計》雜誌2014年6月，81期）

【肆】

# 不可隨處小便

　　我自己也擔任拍賣官，很遺憾還沒能戴上成交率百分百的白手套，2014年中國嘉德春拍時，有一場于右任的書法專拍，拍賣官戴上了白手套，我一位風度翩翩的朋友更是興奮，因為他是專拍的提供者。

　　我最喜歡的小籠包店家鼎泰豐的店名，就是取自于右任的筆跡製成店招；和家家戶戶都有關係的台電，公司招牌及網路和文書上的logo，是于右任當年親自題寫的「台灣電力公司」五個字，這應該是最深入民間大眾的于右任書法，但我懷疑，當年于右任的書寫形式應該是由左至右才是。在2014年的中國嘉德于右任專拍中，我看到一幅有史以來最貴重的喜幛，那是于右任為梁寒操先生和黎劍虹女士結婚時所書：「鸞鳳和鳴好音嘉會，鴛鴦結社涼夕新秋」。成交價格是人民幣35萬6500元，平均每個字的價格就破新台幣百萬元。有一回在我專程為了于右任的書法去參加一場台灣的小型拍賣會，結果還沒舉手，現場就已經是一片沸騰。1905年于右任開始在上海賣字時門可羅雀，曾經一個月只賣出一幅字。

　　于右任被譽為現代草聖，他生於1879年（光緒四年），十歲開始臨摹北魏的碑帖，奠定渾厚書法基礎，晚

右頁圖｜
于右任送給梁寒操的喜幛

鸞鳳和鳴好音嘉會

駕鴦結社涼又新秋

寒操先生

劍虹女士結婚誌喜

于右壬敬賀

年自號「太平老人」，可是在于右任逝世多年後，他的字和他的「身影」不僅沒有太平，而且騷動不已，甚至讓人心酸唏噓！研究中國書法的人，和喜歡中國書法的藏家，對於于右任的書法造詣推崇備至，但是也有人粗鄙對之。立法院的匾額是于右任書寫的，在1996年因為核四覆議案的爭議，社運群眾差點衝進立法院，當時保警死守立院大門，混亂中這塊匾額竟然被抗議民眾拆了下來，我是當時的採訪記者之一。「換太平以頸血，愛自由如髮妻」這是于右任二十四歲那年所寫的詩，寫盡了熱血青年的報負，一百年後的2014年，在台灣發生了太陽花學運，期間又有人搬了梯子把立院匾額拆下。

　　于右任不但用筆從事民主革命運動，也提著腦袋往前衝。早年他加入同盟會並數度辦報宣揚民主革命，也因此負債累累、被清廷官方追緝。民國成立後，他又為堅持民主和袁世凱對立，之後他擔任靖國總司令又和北洋軍閥槓上，除了要面對北洋軍的洋槍洋砲外，于右任還必須當心內部不時出現的倒戈叛變。神奇的是，帶兵搞革命的于右任居然還能繼續專研書法，並且

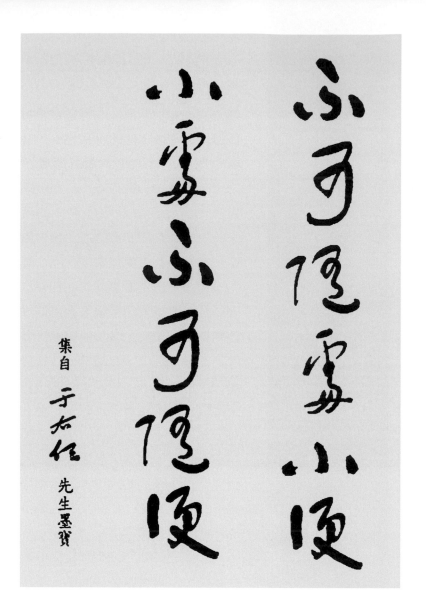

集自 于右任 先生墨寶

大規模的蒐集墓誌和碑帖。

　　于右任在台灣時期擔任很久的監察院院長，他有名的鬍子更花白了，但他的節操依舊，甚至有回他送了一幅字給已經逐步掌握權勢的蔣經國先生，他寫道：「計利當計天下利，求名應求萬世名。」1948年于右任參選副總統，和其他競爭對手相比，排場可真是寒酸，當時有人連擺流水席，有人為每位代表準備專車，有人送上金條，于右任自嘲的說：「我也用條子打發。」他寫了兩千多幅「萬世

上圖｜
王建煊命人重新集合于右任的書法

右頁圖｜
當年仁愛路圓環于右任銅像變成元宵節燈架的情形

開太平」的書法送給當時的國大代表們，無人意外沒錢送禮的于右任會落選，讓人感動的是，第二天于右任走進會場時，現場的國大代表起立鼓掌達十分鐘之久！

于右任的書法軼事中，最有名的一段是，曾有人向他求字，有位客人已求得了一幅，還要再求一幅，于右任信筆揮下了「不可隨處小便」六字，正當氣氛尷尬之際，監察院的祕書長王陸一把客人拉到一邊，出了主意把這六個字拆開來裝裱，成為：「小處不可隨便」，算是為賓客解了圍，眾人也為之叫絕。後來監察院長王建煊讓人重新從于右任的作品中編排了「不可隨處小便」的新版本。

1964年，于右任在台北去世後，政府在玉山主峰樹立他的雕像，追思並尊重于右任「葬我於高山兮，望我大陸」的遺願。台北市仁愛路圓環原本有座于右任的銅像，陳水扁當選市長後，將銅像基座作為元宵燈會支架，掛上了「自由時報」（老闆林榮三曾是監察院副院長）的帆布字樣，在于右任一百二十歲冥誕那天，陳水扁順勢把銅像拆遷了。

于右任是在監察院長任內過世，離開時沒有留下豐厚財物，但當年他送的書法「條子」現在價值賽過金條，成為藏家追逐標的。

院長室牆上還掛著「小處不可隨便」的王建煊卸任前突然說，過去的監察委員是混蛋！

年輕的一代不拿毛筆很久了，日本書法界則還在稱頌于右任的藝術造詣。

拆遷他銅像的陳水扁因貪汙從總統淪為階下囚了。

玉山頂上的于右任銅像頭顱，早已消失山谷中無人聞問。

砍他銅像叫于右任回中國的人，這些年因賣中國古董發財了。（原文刊載於《藝術收藏＋設計》雜誌2014年10月，85期）

【伍】

# 我倆沒有明天

《我倆沒有明天》（Bonnie and Clyde）是好萊塢有名的電影，描寫的是鴛鴦大盜的真實故事。其實東西方幾乎在相同時代都有極其相似的人物，尤其是女主角最受人注意。這兩位女性都是十六歲訂下終身，二十四歲香消玉殞，都喪生在執法人員的槍下。身後數十年她們也都成為電影公司和拍賣公司的搖錢樹。

20世紀的第二年（1901年）張素貞出生於東北遼寧的農家，十六歲的她和愛人私奔到長春，沒想到卻被愛情騙子賣到私娼寮，誰也沒想到接著會迸出男盜女娼的愛情火花！恩客之一的王大龍是當地土匪，為了張素貞，他綁架了老鴇的兒子為人質，作為交換籌碼將心愛的女人贖身，從此張素貞也就成為押寨夫人，浪跡天涯的生活中，她改名為「駝龍」，更練就好槍法，成為雙槍女土匪。她的美貌和驍勇善戰也成為當地人們口中的傳奇。這雙龍土匪情侶三年時間將原本八百多人的盜匪集團發展為擁槍兩千多支的部隊。有次在官兵的圍剿下，王大龍斃命，張素貞逃竄脫險，又再入妓院躲避風頭。

後來也善於用槍的邦妮（Bonnie）出生於美

國德州，唸書時是一位能讀能寫也能講的高材生，不過，在荷爾蒙作祟下，十六歲的她遇見了羅伊·索頓（Roy Thornton）後就輟學下嫁成為人妻，不久後兩人各自分飛，但是從未離婚，邦妮直到過世時手指上還戴著當年的婚戒。真正的天雷勾動地火是發生在1930年，克萊德（Clyde）和邦妮不期而遇，兩人立刻如乾柴烈火般不可收拾，不但愛情如此，犯罪行當也越搞越大，克萊德帶著邦妮等人從搶加油站和雜貨店升級到劫掠銀行，這對鴛鴦大盜先後殺害了九名司法人員，被美國警方視為頭號通緝犯！此時的邦妮已從能詩能歌的才情少女成為擁槍自重的江洋大盜！1934年5月23日在德州與路易斯安那州的交界偏僻處，警方獲得線報埋伏，以自動步槍、霰彈槍及手槍瞄準這對鴛鴦大盜的座車瘋狂掃射，火爆情節如同電影一般，警方共發射了一百三十多發子彈，邦妮和克萊德兩人身中五十餘槍當場死亡！

駝龍比邦妮年長九歲，也比邦妮早九年走上黃泉路。駝龍在妓院重操舊業後，取得身分掩護，繼續率匪眾在長春城劫掠富豪，興風作浪。長春戒嚴司令李杜派出原是綠林出身的部屬，混入妓院生擒了駝龍。消息傳出後，張學良發電要求將駝龍押往瀋陽，同樣是奉系軍頭的吳俊昇則也來電報要求把駝龍押解到八面城（遼寧省西北的一個小鎮），兩難之下，李杜決定將駝龍就地正法，行刑前還幫駝龍拍照留念，瞧頗具姿色的駝龍身穿繡花錦綢，綁起長髮，兩眼毫無懼色，若非照片上的一排註解文字，任誰看了都會認為駝龍是當時引領風騷的酷酷貴婦。

邦妮身後也成為流行象徵，因為她和克萊德的故事被拍成電影《我倆沒有明天》（香港譯為《鴛鴦大盜》），飾演邦妮的費唐娜薇因此一舉成名，被提名奧斯卡最佳女主角獎，提名金球獎最佳戲劇類電影女主角，戲中她的穿著打扮蔚為流行，她所戴的貝雷帽是當時最暢銷的服飾。《我倆沒有明天》在本世紀又再度被

邦妮綁在大腿的
手槍高價成交

重新翻拍成電影。中國的駝龍也不遑多讓，1949年電影《駝龍》在香港上映，2001年長春電影製片廠推出了長達十九集的《煙花女駝龍》電視劇。其實早在駝龍被處決後不久，就已經出現《槍斃女匪駝龍》的舞台劇。邦妮和駝龍生前大概沒想過可以如此大紅大紫，甚至連遺物都值錢。

2012年，美國新罕布什爾州的一次拍賣會，邦妮死時繫在大腿上的0.38口徑手槍，成為全場追逐焦點，以26萬4000美元成交，也是該場拍賣會上最高價成交的拍品。稍早在中國北京的拍賣，出現了一張駝龍張素貞行刑前的銀鹽紙黑白艷照，或許因沒有好萊塢的加持，因此拍賣官喊沒幾口就以920元人民幣落槌了。（原文刊載於《藝術收藏＋設計》雜誌2015年2月，89期）

【陸】
# 一道不可不看的風景

聽過乾材烈火吧？我覺得典型代表就是徐志摩與陸小曼，原是人妻的的陸小曼遇見徐志摩後說：「真愛不是罪惡，在必需時未嘗不可以付出生命的代價來爭取，與烈士殉國、教徒殉道，同是一理。」本有髮妻的徐志摩則表示：「我之甘冒世之不韙，乃求良心之安頓，人格之獨立。在茫茫人海中，訪我靈魂之伴侶，得之我幸，不得我

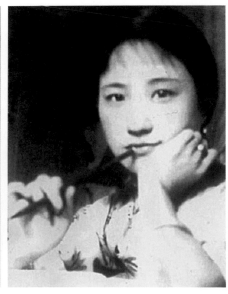

左圖｜
徐志摩
右圖｜
陸小曼

命，如此而已！」兩人為愛不惜犧牲生命的宣言真讓人動容，不幸的是兩人訂下終身之盟後幾年，徐志摩和陸小曼大吵一頓後離家，沒幾天飛機失事，徐志摩被烈焰燒成焦炭。

　　聽過柏拉圖之戀吧？我認為典型的代表是金岳霖對林徽因的一往情深。當金岳霖煞到林徽因後，有一天林徽因哭着對民國時期著名的建築家梁思成說「我苦惱極了，我同時愛上了兩個人，不知怎麼辦才好。」我很難想像林徽因說這話撒嬌時，梁思成的表情如何？換成旁人早翻臉上了社會版頭條新聞了，因為當時梁思成是林徽因的老公。徹夜未眠的梁思成第二天告訴妻子「如果你選擇了老金，我祝願你們永遠幸福。」金岳霖知道後深情的對林徽因說：「我不能傷害一個真正愛你的人，我應該退出。」這如八點檔的戲碼沒結束，金岳霖從沒對林徽因說會等她一輩子，但他此後卻「逐林而居」，搬到梁家隔鄰而住，三人成了好友，連梁氏夫婦吵架都找金岳霖來仲裁。1955年林徽因患上肺結核不幸病逝，享年五十一歲。在林徽因的

左圖｜
林徽因
右圖｜
金岳霖
右頁圖｜
陸小曼贈金岳霖的
仕女圖

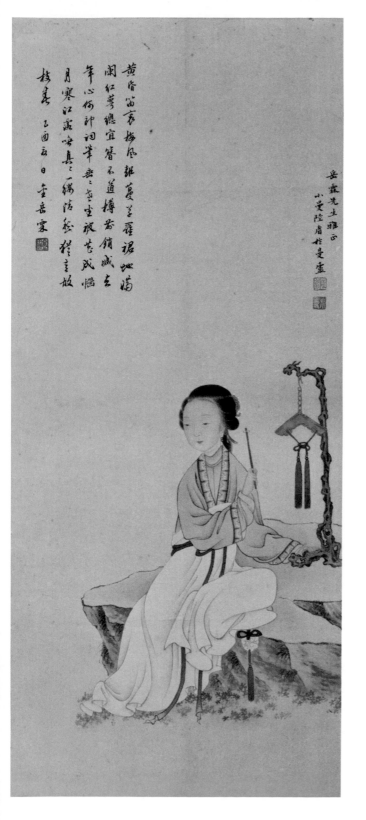

黃昏笛裡梅風起，蔓草羅裙地滿
閣紅蕚總宜簪不道樽前
銷減去年心何郎詞筆垂
垂老坐被花成惱
月寒江露喚真真一縷清愁
猶言故枝春故
乙酉夏日　金嶽霖

岳霖先生雅正
小曼陸眉於曼盧

追悼會上，金岳霖的手寫輓聯：「一身詩意千尋瀑，萬古人間四月天」。四月天取自林徽因一首詩〈你是人間四月天〉。梁思成後來續弦，而金岳霖終身未娶。

　　附圖是一幅保存狀況很好的罕見作品，上款是：岳霖先生雅正，小曼陸眉於曼盧　鈐印：陸眉（朱文）、小曼（白文）1945年。旁題「黃昏笛裡梅風起，蔓草羅裙地。滿閣紅蕚總宜簪，不道樽前銷減去年心。何郎詞筆垂垂老，坐被花成惱。月寒江露喚真真，一縷清愁猶言故枝春。乙酉夏日金嶽霖」　鈐印：金岳霖（朱文）。

　　這是陸小曼贈送給金岳霖的畫作，時間距離徐志摩已經過世十四年，當時陸小曼已經轉型成畫家，現存陸小曼的山水畫居多，但她餽贈少數文人雅士時，偶會出現以人物為主題而且極用心的繪

畫。這幅圖不知何故輾轉出現在台北的一場拍賣會上，從其裱裝可看出原主人十分重視這件作品。

大師劉海粟曾稱許陸小曼是民國四大女畫家之一，但靠鬻畫維生，恐是陸小曼不曾想過的。陸小曼的美學素養受母親影響很大，除了家學影響，在徐志摩過世後，陸小曼跟隨畫家賀天健習畫，後來曾入上海的中國畫院當畫師。雖然她不曾留洋，但讀過法國人在北平開辦的聖心學堂，父親為她聘請英國家教教她閱讀英、法著名作品，陸小曼因此精通英文和法文，後來甚至活躍於外交圈，不時有人簇擁著她。

坦白說，我怎麼看陸小曼的照片都瞧不出美人樣，但文字記載中，男人都視她為女神！連郁達夫的太太王映霞都說陸小曼是一代佳人，徐志摩形容陸小曼：「她一雙眼睛也在說話」就會知道愛情讓人盲目是真的。嬌生慣養的陸小曼愛打扮，又挑食，喜歡跳舞，常聽戲打麻將，當時一般公務員一個月薪水是5塊大洋，而徐志摩自己穿的西裝破了洞捨不得換，他們的愛巢每月租金卻是100大洋，還找了十四個傭人伺候陸小曼。徐志摩四處奔波賺錢，但是陸小曼又染上吸鴉片的惡習，成了花錢的無底洞，也導致兩人齟齬不快。

徐志摩在和陸小曼結婚前曾經出國一段時間，當時他託胡適照料陸小曼，風度翩翩的胡適說陸小曼「是一道不可不看的風景」，不過，胡適有色無膽，當時他已經有家室而且懼內，胡適再怎麼喜歡看這道風景也不敢粉身碎骨。但是陸小曼可就狂野了，她為避開胡太太，刻意用英文寫情書給胡適：「我這幾天很擔心你，你真的不再來了嗎？我希望不是，因為我知道我是不會依你的。」連我現在看了都一陣酥麻！

其實徐志摩最早是要追求林徽因的，「我是天空裡

的一片雲，偶爾投影在你的波心，你不必訝異，更無須歡喜……」這首〈偶然〉就是徐志摩寫給林徽因的。而金岳霖能認識林徽音也是因為徐志摩介紹的。這一票人戀愛談得轟轟烈烈，學問也好的不得了，徐志摩是哥倫比亞大學經濟系畢業，也曾留英，是著名新月派現代詩人。胡適是哥倫比亞大學的博士，後來成為北大校長和中央研究院院長，金岳霖也是哥大政治學博士，同時梁思成、胡適、金岳霖三人都是第一屆中央研究院院士。

幾日的昏沉直到今天才醒過來知道你是真的與我永別了，
摩！慢說是你，
就怕是蒼天也不能知道我現在心中是如何的疼痛，
如何的悲傷！
從前聽人說起〔心痛〕我老笑他們虛偽，
我想人的心怎會覺得痛，這不過說說好聽而已，
誰知道我今天才真的嘗著這一陣陣心中絞痛似的味兒了……

陸小曼在徐志摩走了後寫了這首〈哭摩〉，我不知道後來陸小曼在送畫給金岳霖時是否曾談起她對徐志摩的思念？而被認為是現代中國邏輯學大師的金岳霖，他的著作等身，讓外界淡忘他「逐林而居」的癡情世界。

有一天金岳霖突然邀請至交好友到北京飯店，眾人不知緣由，開席前他舉杯道：「今天是林徽因的生日」，在座者無不潸然，當時金岳霖已經是位髮蒼蒼的垂垂老者矣。（原文刊載於《藝術收藏＋設計》雜誌2015年12月，99期）

【朱】

# 尚未下咽，甚飢

　　提筆時正是吃河豚的季節（10月至3月左右），朋友盛情邀請吃了一餐河豚宴，問我有何評語，我直言，魚是養殖的，如果索價不高倒也可以，朋友才知河豚現在已經大規模養殖。我告訴朋友台灣的河豚現在大都是已經在日本處理好再送到台灣來的，而且養殖居多，又舉杯謝主人也敬賓客，酒過三巡，話匣子一開，又有人提到政治，我插嘴說了一句：「就是因為河豚，所以李登輝變成了日本人。」大家舉箸不動都望著我。我說因為馬關條約就在春帆樓簽的呀！

　　中國人和日本人都有長久吃河豚的歷史，但河豚有劇毒，據說其毒性是氰化物的數百倍，但河豚味美，連蘇東

左圖｜
一千日元鈔券上的伊藤博文肖像

右頁左圖｜
下關春帆樓

右頁右圖｜
春帆樓店招牌匾出自依藤博文的墨寶

坡都曾說「值那一死！」現在日本只有通過考核有執照的
廚師才可料理河豚，以往日本每年都有不少人因吃河豚而
喪命，因此，在豐臣秀吉時代就下令禁吃河豚。甚至規定
如有武士因吃河豚而死的話，將廢除其家族的世襲權利，
門第降為庶民身分。因此，河豚這珍饌就成百姓之愛，反
倒達官貴人無緣一試。馬關議約之地的春帆樓，在1862年
原本是一位醫生藤野玄洋的診所，那裡居高臨下，風景秀
麗，附近還有溫泉。醫生死後，她的夫人美智子將診所改
成了割烹旅館。

　　1888年，當時的總理伊藤博文到下關，春帆樓明知
違法，卻冒險送出河豚料理，伊藤博文吃後，驚嘆河豚的
美味，找來當地山口縣縣長當下解除禁令，不過東京直到
1892年才解除禁令。春帆樓也就此拿到全日本第一張料理
河豚的許可證。因此有人比喻，伊藤博文想起到春帆樓簽
馬關條約，就是要日本嘗到美味，而把豚毒留給中國。至
今春帆樓還建了一棟「日清講和紀念館」，掛著馬關條約
簽訂時的圖畫，當年簽字的桌椅都保留下來，以復原場
景。戶外還有伊藤博文和當時外相陸奧宗光的銅像。

　　伊藤博文是改變日本和台灣命運的人，他原本是一位
極度排外的人士，但是他曾經到過歐洲唸書考察，西方的
文明昌盛，讓他思想改變，回到日本後開始奔波參政，他
之所以獲得明治天皇重視，原因來自他寫的一首詩，也就
是附圖的立軸：「豪氣堂堂橫太空，日東誰使帝威隆。高

樓傾盡三杯酒，天下英雄在眼中。」款識：春畝山人　鈐印：博文（白文）、滄浪閣主人（朱文）、一片冰心（朱文）。

　　這首豪氣干雲的詩，讓明治天皇極度激賞，也讓伊藤博文有機會參與高層外交事務，在當時被派去英國學習的日本精英中，伊藤博文是最用心的，他英文可以到辯才無礙的地步。美國耶魯大學曾將名譽博士學位授予伊藤博文，不過他在日本沒有任何學歷，只有唸過私塾，但他的勤奮奠定了厚實的漢學基礎，從他的書法也可看出他的人文素養。「春帆樓」牌匾題字就是出自他的墨寶。伊藤博文常在經過丸善書店（日本當時唯一專賣洋書的書店）時，下車在書店站著和老百姓一起閱讀新書。他協助明治天皇進行維新，日本的憲法是他引進的，成就日本的現代政治制度基礎，自己也曾擔任四次日本總理大臣。他也是日本歷史上最有名的酒色宰相，日本曾有一本雜誌的文章描寫依藤博文，其標題是「挪用明治天皇機密費把玩女人的伊藤博文」，不過，伊藤博文從不避諱他性好漁色。

　　伊藤博文有段時間時常在東京的新橋狎妓作樂，後來乾脆讓自己喜歡的寵妓阿倉在橫濱開設茶屋「富貴樓」，方便他和政壇好友尋歡。和他交手過的洋人都深知他愛酒、女人和煙草，他為了娶一位藝妓梅子而和元配離婚，雖然梅子無怨無悔陪著他，伊藤博文的風流韻事也從未中斷過。就連明治政府派遣伊藤博文赴歐洲考察憲政時，他也堂而皇之地帶著幾位藝妓隨行，還說宴會可派得上用場。真可謂是「醒掌天下權，醉臥美人膝」。

　　在伊藤博文籌劃下，日本曾打敗俄國，又強迫韓國簽訂《乙巳保護條約》，將其降為自己的「保護國」，甚至設立統監府直接統治韓國，伊藤博文擔任首任的統監。在此之前的甲午戰爭爆發時，滿清地大人多，國庫收入是日

右頁圖｜
伊藤博文的〈行書詩〉

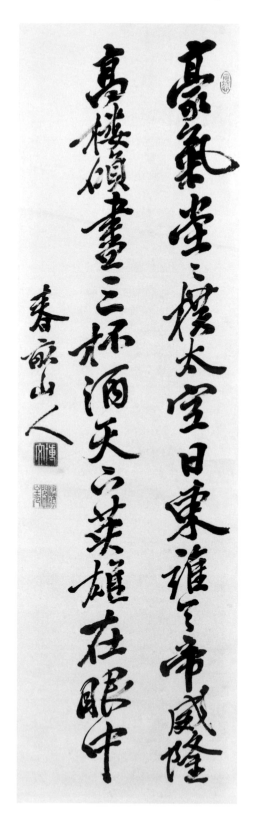

豪氣坐三樓太空日東雄是帝威隆
高樓頌畫三杯酒天下英雄在眼中
春麓山人

本的兩倍，還擁有亞洲最大噸位的海軍艦艇，但開戰就一敗塗地，迫使不願當賣國賊的李鴻章走上談判桌，當賠款割地敲定後，伊藤博文要求李鴻章一個月內將台灣交接給日本。

李鴻章說：「頭緒紛繁，兩月方寬，辦事較妥，貴國何必急急，台灣已是口中之物。」伊藤博文則云：「尚未下咽，甚飢。」就這樣台灣被吞下成為第一個日本殖民地。

伊藤博文是日本西化的催生者，但他很冷靜理智，他有遠見地看到日本西化矯枉過正的副作用，因此，他搖身一變又力倡傳統日本文化，直到今日日本人在重要場合穿著和服，仍然是一種高尚的禮貌，西式酒吧的流行，並未取代日本茶道的尊貴地位，日本人對西洋歌劇不陌生，但日本能劇在日本現代藝術生活中還是有其重要地位。這都是伊藤博文的功績。

伊藤博文生前曾經寫信交待兒子，為感謝梅子夫人的付出，要他兒子在他死後從遺產中拿出10萬元給梅子，不過他死後，大家才發現他的遺產餘款不足5萬元，後來日本天皇賞賜10萬元，才完成他的心願。

走筆至此，嘴饞了，該訂機票下周去日本吃野生河豚了。（原文刊載於《藝術收藏＋設計》雜誌2016年1月，100期）

【捌】

# 齊白石，男性本色始終如一

　　2011年的5月，可以說是齊白石月，因為當時的5月14日一幅〈百蝦圖〉在深圳拍出5.4億元台幣的高價，5月21日《齊白石山水冊》在北京拍出約3.2億元新台幣的價格。第二天，另一家拍賣公司推出了齊白石的〈松柏高立圖·篆書四言聯〉以4.255億人民幣（約19.1億新台幣）天價成交，當天在同樣一場拍賣會，齊白石另一件作品〈花鳥四屏〉，也拍出約4.14億元新台幣的高價，一週內，五張齊白石的作品賣出總金額達到新台幣32億1000萬的規模！

　　北京畫院是現今收藏齊白石作品最多的單位，2015年我趁在北京錄製節目之便，認真地參觀當時北京畫院的齊白石展覽，同事問我是不是特別喜歡齊白石的作品，我說：「齊白石是偶像呀，他是男人本色始終如一的代表！」，同事不明白我的觀點，經我解說後，果然他也佩服齊白石了。

　　齊白石第一次娶妻時他十二歲，對方是童養媳的陳春君，她為齊白石生了五個小孩，齊白石五十七歲那年到北京發展，傳統但大肚量的陳春君物色了一位胡寶

下圖｜
北京畫院的齊白石紀念館
右頁上圖｜
左起陳春君、齊白石兩個兒子與胡寶珠
右頁中圖｜
後排左一為夏文珠
右頁下圖｜
齊白石與胡寶珠

珠，將其安排在齊白石身邊照料起居，齊白石的名氣越來越大，作品產量和子嗣產量等量齊觀，因為胡寶珠又生了七個小孩！最小的兒子誕生時，齊白石已經七十八歲了。

兩年後，一直待在湖南老家的陳春君過世，齊白石將胡寶珠正式扶正，更使人訝異的是，齊白石八十三歲那年又讓寶珠受孕生產，遺憾的是因為難產奪走了胡寶珠的生命，那年胡寶珠也才只有四十二歲。

之後有朋友介紹曾擔任北京協和醫院護理長的夏文珠給齊白石，八十四歲的齊白石非常喜歡夏小姐，但是只能以護士名義將她留在身邊，因為他的子女們非常反對齊白石再娶夏文珠。夏文珠十分受寵，但是她和齊白石的子女相處並不和睦，有一天夏文珠和齊白石鬧彆扭後一去不返。

齊白石的子女中，唯一離開大陸隨丈夫到台灣定居的女兒齊良憐，曾經回憶一段讓眾人都吃驚的往事：「齊白石打聽到夏文珠想要嫁給別人，當時已經八十多歲的齊白石要齊良憐陪她去夏家，帶了許多禮物。夏文珠不在，齊白石向比自己年紀還輕的夏母跪了下來說：『請你讓老夏回來吧！』齊良憐見到父親的樣子，當場忍不住掉淚。」不過，最後齊白石還是高齡失戀了。

接著一位伍德萱小姐以祕書之名受

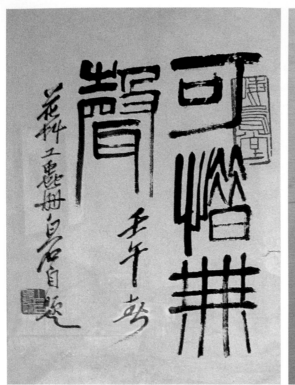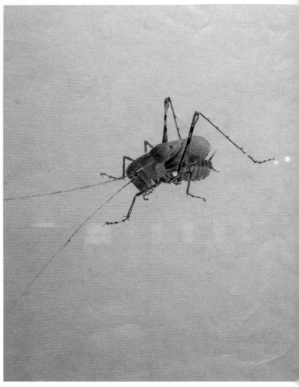

聘於齊白石，並且隨伺左右，有一回平劇演員新鳳霞去
拜訪齊白石，齊白石一直盯著新鳳霞瞧，還讓伍德萱吃
醋：「你總看別人作什麼？」，齊白石也回說「她生得好
看」。後來齊白石收了新鳳霞為乾女兒。伍德萱之後有一
位張學賢小姐照料齊白石，直到齊白石過世為止，有關伍
德萱和張學賢的資料都不太多。

　　馬瑞雪是著名的小提琴家馬思聰的千金，她曾陪馬思
聰在齊白石九十三歲時去拜訪過老人家。1971年8月17日馬
瑞雪在台北的《中央日報》寫了一篇文章指出，有人給齊
白石介紹了一個四十四歲的女人，白石老人搖著頭對介紹
人說「太老了」。大約因為稚氣日重，白石老人早已忘掉
自己的高齡。不久，尋來一位二十二歲的年輕演員，相見
之下，白石老人很喜歡，正在等著結婚辦喜事呢！只是那
年齊白石走完人生的路程，沒有娶著看上的小姑娘。

　　幾年前國外的約會網站OK Cupid創辦人克里斯汀・盧

左圖｜
齊白石的字「可惜無聲」

右圖｜
齊白石的紡織娘

右頁左圖｜
齊白石的蜻蜓

右頁右圖｜
齊白石的蟬

德（Christian Rudder），他依據有關約會資料圖表發表著作指出，女性易於被與她們年齡相仿的男性吸引，但對男性而言，圖表顯示，一旦女性過了二十二歲這個年紀，那麼她對男性的吸引力指數就迅速降低。當時他的新書發表會讓舉座人士議論紛紛。齊白石早在五、六十年前就始終如一的中意二十歲的青春美少女。

　　我在北京畫院參觀時，對齊白石畫的昆蟲看的尤其仔細，齊白石是一位寫實的畫家，沒見過的從來不畫，齊白石的小兒子齊良末曾說過兩件事，最能代表齊白石追求真實的態度。有一次，齊白石畫芭蕉葉子，當他畫好了兩邊的葉子，畫到中間的葉子時，忽然自言自語道，這葉子是向左還是向右？於是就不畫了，出門去看芭蕉，直到確定了才下筆。另一次是有一生肖屬龍的商人，重金請齊白石為他畫一幅龍，大概報酬不錯，所以齊白石沒有拒絕，但是對方來取畫時，他看到的畫是，一個插滿鮮花的大花

瓶,旁邊還有一隻杯子,那個龍則是隱約刻在那花瓶上!因為齊白石當然沒見過龍,他是取材平常所見的雕龍花瓶。

著名的攝影家鄭景康經由介紹去為齊白石拍了十二張照片,把拍得最好的一幅放大後送給齊白石,齊白石回贈了一幅〈水墨蝦圖〉。後來齊白石認為讓人拍照費心勞神,他還要回贈值錢的畫,撥撥算盤覺得不划算,於是他在客廳的顯眼處貼了一張紙條,上面寫上幾個大字「雙方不合算」,從此謝絕別人為他畫像或拍照。1955年,鄭景康又想拍齊白石,他以請吃飯為由「哄」老人家來到已布置好的拍攝場地,鄭景康說請稍坐一下再去吃飯,接著鎂光燈一閃,齊白石知道上當了,神情有些微怒,而附圖這張齊白石肖像也成為鄭景康有名的代表作,也是齊白石曝光度最高的照片,甚至後來蘇聯還以此照片發行了郵票。

本文開端所提的齊白石的〈松柏高立圖‧篆書四言聯〉是歷年市場中齊白石繪畫及書法尺寸最大的一幅,長266公分,寬100公分,拍賣公司說這幅畫是齊白石為蔣介石六十歲壽慶所作。拍賣當天從8800萬起拍,但立刻有買家直接加價至1億元人民幣,經過半個多小時,五十次激烈競價,最後是國資企業電廣傳媒旗下中藝達晨的代表以4.255億元人民幣得標。創下中國近代書畫拍賣價格最高紀錄。

但戲劇化的過程也才剛開始,拍賣的熱烈氣氛猶存之際,著名的收藏家劉益謙在拍賣場外接受電視台訪問,他高調的說〈松柏高立圖‧篆書四言聯〉是他送拍的,而且他當初買的價錢還不到2000萬人民幣!言下之意,他的眼光比較高明,動作也俐落。但很快市場就出現強烈的質疑聲浪,認為那張畫根本就是贗品!這張被媒體至今還不斷報導的所謂齊白石最高拍賣記錄的作品,其實根本沒有

完成交割！買家就是不願付錢，它現在還躺在倉庫的角落裡！

　　緊接著在深圳文博會拍出的齊白石〈百蝦圖〉，那1.2億人民幣（5.4億元台幣）的天價也被質疑了，因為那年的5月6號，文博會承辦單位提供媒體的新聞稿，出現文博會將展出拍賣價超過1.2億的齊白石〈百蝦圖〉的內容，但拍賣是5月14日才進行，誰有本事能提前精準預測拍賣價格？

　　和市場中的虛虛實實相較，齊白石始終如一欣賞二十歲姑娘的一貫態度就顯得真誠可貴了。（原文刊載於《藝術收藏＋設計》雜誌2016年4月・103期）

# 我等著你回來

## 由翁啟惠遙想胡適

2016年3月31日台北的媒體出現這樣的消息：「翁啟惠請辭中研院院長滯美，馬震怒不准」和「翁啟惠以親筆簽名越洋請辭的辭呈，馬總統再度駁回」的新聞。

同一天，我收到一本拍賣目錄，其中有件拍品是當年的中研院院長胡適和雷震送給陳含光的一張國子監的黑白照片，這件拍品後來順利成交，但照片上三位題款的先生，他們的高風亮節無價比擬，而現今如翁啟惠之流的淪落，讓我不禁在微信po了一段文字，發抒我對世風日下的感嘆，我只寫了一句話「送給中研院翁啟惠院長的禮物」加上一段網址連結。

胡適應該是歷任中研院院長最常讓人提及的一位，而且他還曾經差點成為中華民國總統。原因是我國的憲法從設計之初就偏向內閣制，因此蔣介石希望去當行政院長以便掌

下圖｜
中研院「胡適與蔣介石：道不同而相為謀」特展的海報

右頁左圖・下圖｜
胡適寫給時任國民黨祕書唐縱的書信

右頁右圖｜
胡適和雷震題贈給陳含光的故都國子監照片

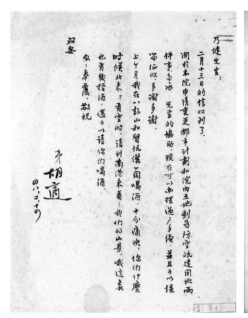

權，1948年3月29日，南京召開第一屆國民大會，準備要選舉「總統」，蔣介石透過國大代表王世杰（繼胡適之後任中央研究院院長）向胡適傳話，希望提名胡為「總統」候選人，當時胡適在日記中有「我承認這是一個很聰明、很偉大的見解」的紀錄，蔣介石的機要祕書周宏濤（後來曾任政務委員）還致電給蔣經國，說明蔣介石有意推舉胡適參選「總統」一事，只是當時的政治氛圍是大家全力擁護蔣介石出任總統，原本已經同意接受的胡適也發現情勢不是他所預判的發展，最後蔣介石尷尬的告訴胡適放棄原本的提議，蔣中正也在日記裡說：「此心歉惶，不知所云，此為余一生中，對人最抱歉之一事也」。而胡適也用小便箋寫下「得救了」表達如釋重負的心情，這些重要的原始檔案，曾在民國101年中研院紀念胡適誕辰121週年所舉辦的特展展出，有趣的是，該特展的主題是「胡適與蔣介石：道不同而相為謀。」

有人說百無一用是書生，胡適也曾經有如此窘態，1949年4月21日胡適偕同夫人江冬秀女士搭船抵達美國，後來住在紐約的老公寓裡，著名的歷史學者唐德剛親眼看見

過胡適在美國過得「很辛苦」，他形容胡適當時失業、落魄、潦倒……，胡適連看病都看不起！胡適的夫人是一位纏小腳的傳統女性，而胡適是一位不會開車只會飯來張口的博士，可以想像他們在美國寸步難行的生活窘境。因在圖書館打工而結識胡適的唐德剛回憶，他常常去胡適家中幫忙，因為胡適連重東西都搬不動！唐德剛說：「胡適雖然捧著一個博士頭銜，英文也講得非常流利，但由於不好意思開口求人，一直失業在家。」誰能想到生活如此清苦的胡適，之前曾是北大校長和中華民國的駐美大使！

2014年底，有朋友拿了一大疊已故國民黨祕書長唐縱的信札和文獻資料託我找買家，當時一位專收信札的朋友猶豫了幾天，而我只對其中一封胡適在民國48年2月14日寫給唐縱的一封信感興趣，胡適對唐縱協助中研院的土地都市計畫變更一案表示感謝，信中也提到他和唐縱夫婦在八卦山喝酒，十分痛快，胡適寫到他自己留了幾種酒在南港家中，邀請唐縱到中研院作客喝酒看山。我雖喜歡這種文人情懷內容的書信，但不好意思告訴朋友這一疊信札中，我只想買這一通一紙，幾個月後，這些信札到了大陸投資客手中，並且在2015年3月31日出現於北京拍賣，其中胡適邀唐縱伉儷飲酒的信札，估價是1000人民幣，但最後以12萬

人民幣（新台幣60萬）成交。

　　胡適寫信給唐縱時，他已經接受蔣中正總統任命重回台灣擔任中研院院長（胡適在甲午戰爭前曾經隨同父母居住在台灣一段時間），由信中的字裡行間可看出他已經擺脫紐約顛沛流離的陰影，但在台灣安定的生活並沒有讓他背離知識分子的良心。1953年1月16日的胡適日記是這樣寫的：「蔣公約我晚飯，七點見他，八點開飯。談了共兩點鐘，我說了一點逆耳的話，他居然容受了。我說，台灣今日實無言論自由。第一，無一人敢批評彭孟緝。第二，無一語批評蔣經國。第三，無一語批評蔣總統。所謂無言論自由，是『盡在不言中』也。我說，憲法只許總統有減刑與特赦之權，絕無加刑之權。而總統屢次加刑，是違憲甚明。然整個政府無一人敢向總統如此說！總統必須有諍

臣一百人，最好有一千人。開放言論自由，即是自己樹立諍臣千百人也。」，包括蔣介石在內，其他兩位被胡適點名的，都是當時權力最大的人物，胡適毫不畏懼的風骨令人讚佩。半個世紀後被公布的蔣介石日記中，也留下他和胡適這次會面談話的事：「晚課後，約胡適之單獨聚餐，談話二小時餘。對余個人頗有益也……其他皆為金石之言，余甚感動，認其為余平生之錚（諍）友也。」顯見胡適在蔣介石心中的分量。

　　雖然蔣介石對胡適向來尊重，但兩人最後為了一個人翻臉了，那就是雷震。曾經被國民黨重用的雷震，

1949年11月20日在台北創設《自由中國》半月刊，人在美國的胡適掛名發行人，雷震為實際負責人，許多自由派人士在《自由中國》撰文，表達對政治革新的看法，一度蓬勃發展，並且為各界重視，在《自由中國》號召之下，雷震、高玉樹（後來曾任台北市長）、蘇東啟（現任民進黨立委蘇治芬的父親）、黃月嬌（曾任省議員，民進黨創始者之一）、何春木（前台聯立委何敏豪之父）、傅正（江蘇人、民進黨創始人之一）等人，不分省籍社會菁英準備組織新黨「中國民主黨」，主張結束一黨專政，還給社會應有的民主制度。1960年9月4日一大早，雷震聽到有人敲門，隔門對他說「家中發火燒了」（雷震有兩個住處）。雷震匆忙開門，數十名特務一哄而入，以「涉嫌叛亂」為名將雷震拘捕，同時被捕的還有劉子英、馬之驌、傅正等三人。

　　雷震出事時，胡適在美國，眾人都指望胡適趕快回來搭救雷震，結果胡適回來了，也見了蔣，雷震還是被判十年徒刑，很多人認為胡適不夠朋友，不敢得罪蔣介石。在

左圖｜
前民進黨主席許信良、前民進黨社運部主任張富忠等人年輕時拜會雷震

右頁圖｜
上海時期就已走紅的歌星白光

蔣、胡兩人作古許久後，他們的日記公布了，世人才知道胡適回台後立刻求見蔣總統，蔣推說罪證確鑿，不干涉司法審判，兩人激烈爭辯結果不歡而散。胡適後來告訴蔣介石，他在國慶雙十節那天，不去參加任何慶祝活動！因為雷震一案讓胡適羞於見到美國友人，因為雷震案使台灣被認為是警察國家。胡適得罪當局的措詞與舉動，當時誰也無法預料其風險。但也因為史料公布，讓我們得知胡適身為知識分子的格調與風骨。

後來雷震在獄中得知胡適過世了，他在日記中寫道：「今日上午看報，我兩次流淚，這是卅六年秋葬母以後的第一次哭……。」

另一天的日記是這樣寫的：「報載胡喪事，昨日公祭有一百多單位，司儀泣不成聲，連換了五個人……。」

同樣位居中研院院長，胡適和翁啟惠都敢做敢言，但胡適敢為民主自由發聲，開罪當道在所不惜，敢在風雨飄搖之際自美回台重建中研院；翁啟惠敢為浩鼎炒股撒謊說自己沒股票，又敢做出代替女兒操盤之事，更敢在東窗事發之後，僅以電話告知總統說不幹了，就滯美不歸！實在令人瞠目結舌。

你知道為何那麼多人在我微信上按讚嗎？因為我在「送給中研院翁啟惠院長的禮物」文字之後PO的連結是老牌歌手白光所唱的「我等著你回來」（https：//youtu．be/QV1TT2X8x6c）

附記：在本文完稿後付梓前，翁啟惠院長延假半天後已回到台灣，他說他抱歉，當初只說自己沒股票，沒說清楚女兒有股票……。（原文刊載於《藝術收藏＋設計》雜誌2016年5月，104期）

【10】

# 最長壽的「大毒梟」孫思邈

　　前幾天和朋友聚餐，其中有華視新聞部首任採訪組長（後轉任聯合報主任祕書）吳江先生在座，吳前輩說他近日為暈眩所苦，所幸找對醫師就診已經無礙，我建議他不妨天天梳頭，以使氣血通暢。不知他是否當姑妄聽之，其實我的建議是有所本，是來自千年前藥王孫思邈的主張。

　　誰是孫思邈？我先從一幅畫說起，民國23年張大千和他的二哥張善孖聯手畫了一幅孫思邈像送人，畫中的高士人物是孫思邈依在老虎身上，抬頭和穿雲而出的神龍對望，從畫上的題記得知，當年張大千的姪子小腿上長了一個小疔，卻逐漸腫脹至膝部，甚至身體時寒時熱，命在旦夕，當時被譽為北京四大名醫之一的段馥廷出手搶救，幾天後藥到病除，張氏兄弟感激之餘，寫圖以報。而張大千會以孫思邈為主題來推崇和感謝段馥廷，就可想見孫思邈在中醫界的崇隆地位。這幅張大千昆仲聯袂執筆的孫思邈立軸，2011年在北京的中國嘉德拍賣會上以人民幣304萬7500元成交（約新台幣1500萬元）。

　　孫思邈被譽為藥王，除醫術精湛、德行高超外，他的長壽尤其著名，孫思邈活了多長？有兩種說法最多，一為一○二歲（虛歲），另一為一四二歲（虛歲），孫思邈的

張大千畫孫思邈像

卒年是唐永淳元年（西元682年），這是沒有爭議的，但他生於何時？由古至今眾說紛紜，有人依據歐陽修編撰的《新唐書》記載推算，孫思邈出生於西魏年間（西元541年），按唐朝詩人盧照臨（也是孫思邈的弟子）的記錄，孫思邈是出生於隋文帝時期（西元581年），這觀點被後來的紀曉嵐採用，所以大多數人認為孫思邈活了一〇二歲。

我小學四年級時在舊書攤買了一本《千金翼方》，那是我第一本有關醫學的藏書，也是我第一次接觸到孫思邈的著作，他最有名的大作應該是《千金要方》，他一生共有八十多種重要著作，為中國醫學留下珍貴資產，他被神格化後也伴隨許多傳說應運而生。

有天深夜，來了一位秀才請孫思邈診治他，孫思邈才一把脈就直言他的脈相不是人而是龍，秀才驚訝之餘也坦承身分，孫思邈用藥後，很快治好龍的病症，蛟龍騰空而去後，在空中傳來秀才聲音：「孫真人德澤異類，為神仙之榜樣，我即返還府，防澇救旱，永為世人服務！」。台北故宮所藏《群仙圖冊》中就有一幅〈孫思邈救蛟得仙圖〉。台灣南北各地的保生宮，凡供奉保生大帝孫真人者，就是指孫思邈。

孫思邈有次遇上做叩首狀的猛虎，看似要求醫，孫

思邈對老虎說，「你要我治病亦可，但要保證今後決不傷生害命！」那虎趴伏地下，點頭應許。老虎病被治好後，每天跟在他的身前身後護衛，孫思邈入山採藥時為其背藥簍、銜藥鋤，出診時成為他的座騎。也就是有這樣普遍流傳的神話，所以張大千才會請他善畫老虎的二哥張善孖，為前述的孫思邈像補筆畫虎，而且還有穿雲龍在其中。

三十多年前，先父罹患重病需靠導尿才能保持新陳代謝時，曾經說西醫的治療比較直接但痛苦，我說導尿是中醫發明的，先父瞧著我一副我胡說八道的表情，我把當年看過孫思邈的事蹟端了出來。我說一千多年前的孫思邈碰到一個人，小肚鼓得像皮球，孫思邈診斷吃藥已是來不及了，必須立即將尿導出來才有救，他將青蔥在火上微微燒烤後，切去葉尖，然後插入病人的尿道，再用力一吹，尿液就順著蔥葉管慢慢流出，病人肚子癟下去，痛也止住了。我當時告訴老爸，以前過年的壓歲錢我都拿去買書看了，不是我胡謅的。

孫思邈有十三招養生術，其中就有我本文開頭所提到的髮常梳。孫真人的一〇二歲長壽常被拿來傳頌，其實現代也有重養生之道而長命百歲的仁醫，2015年7月2日，中國大陸著名的耳鼻喉中醫干祖望逝世，享壽一〇四歲，比孫思邈還長壽，干祖望的養生觀是：童心、猴行、龜欲、蟻食。

中國大陸西安的大雁塔北廣場有座紀念孫思邈的塑像，孫真人手捧著書，這是孫思邈從沒有過的經驗，因為隋唐的時候，書都是卷軸的，我們現在所習慣一頁頁的書冊是明朝才開始有的。孫思邈當年如果學過英文，他在天之靈可能坐立難安——因為有遊客發現孫思邈塑像前方，有關介紹藥王的英文說明是King of Drug，這在英美現在通用說法的意思是「大毒梟」。（原文刊載於《藝術收藏＋設計》雜誌2015年9月，96期）

右頁上圖｜
筆者與張大千〈大千居士乞食圖〉的拓片

右頁下圖｜
筆者專訪黃天才時合影

【拍賣】
# 張大千的第三隻腳

2016年4月10日，我在台北擔任一場拍賣會的拍賣官，結果我戴上了白手套，也就是全場拍品百分之百成交，拍賣公司還送了我一瓶陳年香檳，那次拍賣是前中央通訊社董事長黃天才（人稱天公）的書畫收藏專拍，這也是天公分別在中、港、台三地的第四次專拍，而且每次都讓拍賣官戴上白手套。這次專拍有兩項物品讓我印象深刻，而且都與張大千有關。

第一件就是我在拍賣預展時看到的〈大千居士乞食圖〉拓片，大千作自畫像甚多，絕大部分的自畫像，張大千都送給親朋好友了，但唯獨留存了一幅〈大千居士乞食圖〉。當他從美國搬遷回台北後，將此畫送給當年的故宮博物院院長蔣復璁，在秦孝儀接任院長後，他將〈大千居士乞食圖〉摹刻於石碑上，放置於現在的「摩耶精舍」，接著秦院長又特別請專人精心拓了三張〈大千居士乞食圖〉拓片，

其中之一送給了黃天才。我之所以格外關注的原因是，張大千幾乎什麼題材都畫，而且數量不少，但〈大千居士乞食圖〉是絕無僅有的一幅，畫的原作已經是台北故宮的永久收藏，而這幅精美的碑拓，則是當年拓完後首次公諸於世。

畫上的題款寫到〈大千居士乞食圖〉，鈐印：張爰私印、大千。又題詩：「左持破缽右拖笻，度陌穿衢腹屢空。老雨甚風春去盡，從君叫啞破喉嚨。癸丑四月初一日，爰翁七十有五歲。環蓽庵題。」鈐印：老奴、遊戲神通（倒鈐）、大風堂。

張大千於1973年在美國加州的「環蓽庵」居所，作此〈大千居士乞食圖〉時剛過七十五歲生日，接著他飛往台北，參加歷史博物館舉辦的創作回顧展，自嘲展覽就是他「乞食」的手段。書畫評論家傅申認為，這幅圖除了是張大千個人多年滄桑生活的感觸外，所謂「人間乞食」者，也暗示著他本非凡人，是來到「人間」才乞食，有自喻為

左圖｜
筆者擔任拍賣官獲百分之百成交的白手套

右圖｜
筆者與張大千的方竹杖

右頁圖｜
張大千的〈大千居士乞食圖〉拓片

大千居士月正元夜食圖

右持破缽若把節庭阿穿
體膚屡恐乃至兮去去空
淫者中亞破憔悴恐五四月初
一日昔丙七千八冬正柴環草菴題

「被謫到人間」的意思。所以畫中的人物，雖然髭鬚鬍鬌，但是器宇軒昂，哪像乞丐般寒酸猥瑣的可憐相？尤其碑拓中的張大千，手中所拄的方竹杖，在過去豈是一般人可得？巧的是，天公的專拍中也有當年張大千送給他的兩根方竹杖。

依照功能，一般將手杖分為權杖、手杖、拐杖三種不同類型。人類歷史上目前已知最有名的權杖，莫過於上個世紀在埃及發現的圖坦卡門陵墓的權杖，該權杖可用金碧輝煌來形容。2003年在新疆羅布泊地區的一座墓室底部，發現了圓形白玉權杖頭，是目前中國考古發現最早的權杖記錄，距今有三千六百年歷史。而手杖是西方現代拍賣市場的一項重要收藏品，中國人少有問津。在電影中我們可看到過去歐美紳士必備手杖，其實現在西方國家仍有不少廠商生產傳統的手杖，而且花樣繁多，我有一次向一家英國手杖店詢問時，店方居然問我要找的是都市用的（town）還是鄉間用的（country）！西方的手杖杖頭，單就形狀就可分Derby、Fritz、Knob、Animal、Ergonomic、Offset、Palm Grip、Tourist等這麼多型態。

中國人的手杖之豐富也不遑多讓，你看看這些名堂：天竹杖、邛竹杖、椶竹杖、方竹杖、壽星杖、眉祿杖、斑竹杖、山桃杖、回甘杖、百齡杖、藤杖、紅藤杖、風藤杖……，看得你眼花撩亂了吧？清末文人王廷鼎寫了一本《杖扇新錄》，對於杖和扇的各個品類及製作工藝，做了詳細的考證和說明，這本書後來在民國有新的印刷版本。看了真讓人佩服過去的文人真能玩！

幾年前，北京的一場拍賣會上出現了最貴的一根方竹杖：〈御製黃玉鳩首方竹刻詩文杖〉，鳩首杖是饒富漢文化特色的手杖，出土的青銅鳩杖可追溯到漢代，這和從周朝開始的敬老文化有關。漢代實行「高年授杖」制度，規

定每年的秋天,給年滿七十歲以上的老人授予手杖,杖頭以鳩鳥作為裝飾,鳩鳥被古人認為是「不噎之鳥」,藉此希望老人家飲食順暢,健康長壽。結果這根刻有詩文的〈御製黃玉鳩首方竹刻詩文杖〉以人民幣391萬(約1900萬台幣)成交。雖然這件方竹杖是否真為乾隆御製,還需要再加以探討,但從已經公開出版的資料可得知,故宮中保存完死鳩妊三柄,其中兩柄為方竹杖。

文獻曾記載,唐朝宰相李德裕曾把一柄方竹杖贈予甘露寺老僧,這位老僧不識貨,竟然把方竹削成圓的,還塗上漆。宋代的范成大還曾經作詩消遣這老和尚:「竹君個個麵團團,此士剛方獨凜然,外貌中心俱壁立,任從癡子削教圓。」由此也可見過去的文人對方竹杖很看重,張大千亦然。我在專拍結束後曾特別去拜訪黃天才,他告訴我,當年他買了一根手把鑲玉的木杖去看張大千,結果大千坦率地嫌棄這根手杖,並告訴他方竹杖較好,同時說要去拿兩根方竹杖送他,接著老人便起身回房,黃天才久候不見人出來,不知是不是張大千歲數大了,一時糊塗回房就休息睡著了,黃天才最後因有事只好先告退,幾天後,黃天才去參加一項活動,張大千也來了,同時還帶著兩根方竹杖來,他說一定要兌現承諾,將方竹杖送給天公。

拍賣當天,這兩件方竹杖分別都由新台幣5000元起拍,價格不斷攀升,最後都分別以93.6萬台幣成交,據我所知,買主都是一位來自中國大陸的知名書畫世家人士。拍賣結束後,我特別拿起這兩根方竹杖再次摩挲,結果現場嘉賓和工作人員都紛紛前來拍照,我則客串起模特兒,想到蘇東坡是「竹杖芒鞋輕勝馬」,而我雖西裝革履,但俗矣!(原文刊載於《藝術收藏+設計》雜誌2016年6月,105期)

# 誰陪張大千洗澡？

「……想起在偕樂園您每天是陪著我洗澡，照應我換衣服的，現在我真的苦極了。您要我來東京我一定來，只要我的事情稍為順心一定快快的來……。」這是情書的一部分，夠真切、夠親密的，「我心緒極亂日夜不安，望汝來信慰此愁懷也……我老矣，他無所念，惟日日念念於汝耳。」這也是情書的一部分，夠深情的吧！這兩封不同的情書都是張大千寫給同一女子，當時張大千已經五十七歲，那位陪他洗澡的女子名叫山田喜美子，那時十八歲！

張大千的書畫造詣無庸置疑，而他的感情世界更是多采多姿。他結婚四次，沒有一位新娘超過二十歲，都在十五到十九歲之間！最後一任妻子徐雯波嫁給張大千時是十八歲。坊間都說，徐雯波是張大千的女兒張心瑞的同學，張心瑞在1943年第一次帶徐雯波回家見到張大千。算算時間，那時徐雯波才十二歲。而我不久前採訪書畫藏家同時也是前中央通訊社董事長的黃天才，他和張大千有二十多年的交情。天公則告訴我，徐雯波的長輩在張家幫佣，所以能進出張家見到張大千。由於張大千和徐雯波結婚遭到家人強烈反對，所以張大千是遠赴上海和徐雯波結婚的，由家人不贊成的態度看來，天公的說法應該是比較

右頁左圖｜
張大千（左三）、山田喜美子（左四）、黃君璧（中後）與溥心畬（右二）合影

右頁右圖｜
張大千與山田喜美子合影

實在。而出身一般的徐雯波卻是成為照顧張大千最久，協助張大千成就事業最重要的女性。但是當張大千一遇上山田，兩人就好像乾柴碰上烈火了。

1953年張大千和夫人到日本，本來要住旅店，熟識的書畫店「喜屋」主動將樓上空出讓張大千伉儷居住，並且安排了山田和伊東兩位年輕女子來照料張氏夫婦的起居生活。山田活潑嘴甜，面貌姣好，張大千十分喜歡，內向的伊東不久就被辭退。而山田則開始與張大千發展出長達十多年的情愫。黃天才曾經擔任《中央日報》駐日本特派員長達二十多年，張大千每次去日本時，天公一定都去探望，而他都發現山田一定隨伺張大千左右。

我國駐日的資深攝影記者王之一，曾經主動去提醒徐雯波女士要注意山田喜美子，不料徐雯波早看出來他們兩人的曖昧，但徐雯波說只要對張大千無害，張大千喜歡誰就去喜歡誰，徐雯波說她自己最在乎的是照顧好張大千，而他們在日本活動時，如果沒有山田的協助，她自己也不可能顧好張大千。徐雯波的氣度讓王之一佩服不已。而天公告訴我徐雯波的反應時，則讓我聽得目瞪口呆，天公說：當張氏夫婦在日本停留時，張夫人會好多次將張大千趕出臥房，並說：「有人在等你，快去！」你也呆了吧！？

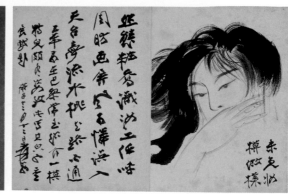

外界曾經逐一點名張大千的親密女性一共是十位，但其實應該不只十人，而且其中一位還是西洋女性，天公認為她應該是常玉當年在法國的模特兒。天公曾經在張大千逝世多年後，一次聊天時問張夫人：「有沒有法國女子纏上張大千的？」徐雯波微笑的回答：「你還問我？你不比我清楚？」

黃天才：「我那幾年沒有去歐洲呀！」

徐雯波：「不去歐洲就不知道？你們新聞記者本事大！唉，先生都過去十多年了，不提這個了。」雖然至今眾人都不確切知道，到底張大千的歐洲紅粉知己是哪一位，不過，張大千自己卻留下了在歐洲時風流韻事的文字線索。

中國嘉德2010年春拍，一幅張大千的作品〈愛痕湖〉首度出現拍賣場，當天晚上經過六十輪喊價，最後以1億80萬元人民幣（折合當時匯率，約4億8600萬元台幣）成交。這個價格創下張大千個人作品成交價當時最高紀錄，也是中國近現代書畫作品的拍賣成交價首次突破億元人民幣大關。那是張大千1968年所繪製的巨幅絹本潑彩，畫寬76.2公分，長264.2公分。內容是遠眺瑞士亞琛湖所見風光。畫面前景為青翠的山巒，後景一泓湖水掩映其間，湖的後岸又有淡墨、淡彩勾勒的屋舍。被認為是張大千化用西方抽象派藝術，與中國傳統文人藝術的水乳交融之作。但仔細的人就會發現這幅畫上張大千的題跋有所玄機，他是這樣寫

左圖｜
山田和張大千畫的畫像合影
右圖｜
張大千
大千狂塗冊（一）第二開
水墨設色紙本
24×35.7cm
國立歷史博物館藏
右頁圖｜
張大千的〈愛痕湖〉

的：「湖水悠悠漾愛痕，岸花搖影狎波翻；只容天女來修供，不遣阿難著體溫。」挺讓人有所遐思的，不是嗎？張大千還留下這樣的補充：「年前與藝奴漫遊歐洲，從瑞士入奧國，宿愛痕湖二日，曾作此詩戲之。」這「藝奴」是何許人也，已經是一大謎團，而張大千將亞琛湖名之為愛痕湖，並且還創作過多幅同名畫作，可見那兩晚讓張大千多麼魂牽夢縈。

其實藝奴的容貌是有跡可循的，而且就在台灣。國立歷史博物館藏有一批張大千的作品，其中一份冊頁的西洋美女畫像就有張大千的題識，張大千將畫題名為〈未免妝模作樣〉，畫的空白處寫有一首詩：「作態粧喬識汝工，任乎周昉畫屏風，可憐誤入天臺夢，流水桃花路不通。」

有趣的是在詩的後面，張大千又寫著：「五年前在巴黎，常玉介紹一模特兒，頗有姿致，此寫其貌也，重展戲題。庚子12月12日。爰翁。」也就是該畫是張大千在1960年所作，而張大千和藝奴是1956年在法國結下短暫情緣的。

由於張大千是一位美食家，所以當我採訪天公時自然會觸及有關張大千吃的問題，結果沒想到竟又問出張大千的另一紅粉知己。在日本有一很出名的餐廳「四川飯店」，負責人陳建民以前是張大千的家廚，當張大千開始在日本走動時，陳建民將他的乾姐姐陳海倫介紹給張大千，天公說海倫頗具姿色，也曾和張大千過從甚密，天公認為陳建民極力撮合是想要藉陳海倫掌握張大千，而後來

張大千也有所觀察和想法，所以沒有和海倫繼續發展下去。不過，有一幅張大千〈仕女拈花〉的畫作，可以看出張大千和海倫曾有不錯的互動，這幅畫上款是海倫，後有跋：海倫女士自日本遠來訪予夫婦于三巴之摩詰城小住三月，極天涯知己之樂，頃將複之江戶，無以為別，佛家以青蓮赤白代慈悲喜舍。因寫赤蓮供養祝其歡喜無量雲。甲午（1954年）6月張大千張爰。鈐印：張爰私印、千秋願。

相較之下，張大千和山田的感情延續長了許多，那些歲月裡張大千多次在日本的餐宴和畫展活動，山田都儼然以女主人的姿態出現。張大千也曾經畫過多幅作品送給這位東瀛的紅粉知己，最特別的一件作品是，張大千在山田的日本和服腰帶上，分別畫出〈桃花遊魚〉、〈山雀櫻桃〉、〈蝦戲〉三段畫面。上題：張大千為喜美子寫。

「今晨六時再睡又夢與汝同行，彷彿汝已來伯國積想盼結，因以成癡，不知汝亦有所感否」，這是1958年張大千寫給山田的情書中的一段，可看出張大千對山田的朝思暮想。但是山田始終都沒有名分。王之一曾經回憶，張大千曾說他想再娶山田，因為他認為山田溫柔、善體人意，但是張大千說，山田心胸過於狹窄，這讓他很失望。黃天才說，有一天深夜張大千急電召王之一去他新宿的住處，當王之一趕到時看到張大千夫婦和山田都在客廳，山田穿著睡袍，長髮披肩，不斷啜泣，張大千請王之一勸山田回房休息，苦勸了許久，山田才起身離去。但王之一始終不知道三人發生了何事。那一晚對張大千對山田的忌妒之心應該有刻骨銘心的感受。爾後張大千在歐洲的活動及拜訪畢卡索，都是徐雯波陪伴，而且她的中國女性婉約角色為張大千在國際畫壇加分不少。山田對張大

上圖｜
張大千〈拈花仕女圖〉

右頁左圖｜
張大千想念山田陪他洗澡的情書

右頁右圖｜
張大千寫給山田的分手信

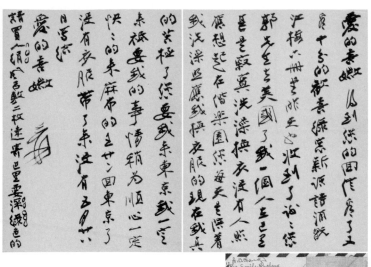

千的影響力逐漸式微。

　　張大千和山田漸行漸遠的重要關鍵，我認為是天公告訴我的一件事，他說山田接受了中共單位的邀請去中國大陸參訪旅行，目的不外是勸服張大千回歸大陸，這讓張大千提高了警覺，在那個時代政治是極為敏感的，張大千怕有麻煩，因此加速冷落了山田。不過，張大千始終對山田都是採取溫柔姿態，連分手信都是情意綿綿：「爰老且病，兼之種種牽纏，今歲不能來東京恐明年亦複不能來矣。致負汝青春抱歉萬分，僅盼早日擇主而事幸福無量，爰中心稍安也。汝如不忘舊好，則向貴國外務省請求護照來南美一行作最後之見面，汝能領得護照來信告我。」

　　2015年12月7日，張大千給山田喜美子的情書六十九封、十一件明信片、四幅版宣紙畫、張大千與山田舊照十四張和喜美子舊藏張大千資料一批，在北京公開拍賣。有人說張大千肉麻，有人說張大千深情，但這批書信真是讓大家見識了大師真實世界的另一面。有些拍品僅索價

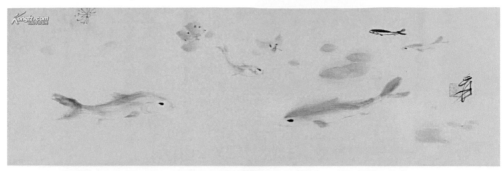

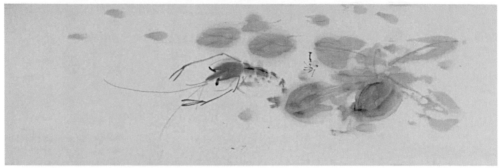

張大千在和服腰帶上的作畫

8000元人民幣,但買家願意花80萬人民幣買下,結果所有拍品成交,總成交金額為2043.1萬(近新台幣1億元)。

　　看過張大千所寫情書後很長一段時間,我在家獨自洗澡時,總覺得上帝不是公平的。（原文刊載於《藝術收藏＋設計》雜誌2016年7

月，106期）

【搶拳】

# 歷史博物館的張大千
# 是間諜的收藏！

2016年7月底，我到佛光山佛陀紀念館去參觀張大千書畫展，我在現場環繞一周，就發現展品一半以上都是來自一名間諜的收藏！

佛光山今年恰逢開山五十週年紀念，佛陀紀念館開館五週年，館長如常法師兩年前正為籌劃活動而苦思不已時，有一天抬頭突然看到張大千為佛光山所提的「大雄寶殿」四個字，靈光乍現，應該可以舉辦一次「與大師面對面」的特展，有星雲大師的一筆字，和張大千的書畫精品展，因此在歷史博物館典藏的張大千作品支持下，這項展覽順利開始。只是好事如我者，在現場嗅出濃厚的間諜味。

張大千從年輕時代就開始畫自畫像，我認為有三張最重要，一是過去我在此專欄裡介紹

筆者在電視節目中介紹張大千的「以寫我憂」自畫像

過的行乞圖自畫像，另外兩張都出現在這次佛陀紀念館的展覽中，在「以寫我憂」的冊頁中有一張自畫像，是張大千在1957年的作品，這張細筆勾勒的張大千正在讀書，一旁瓶中插著水仙、紅梅、細竹，落款流露著落寞苦悶，張大千寫道：

> 吾今真老矣　腰痛兩眸昏
> 藥物從人乞　方書強自翻
> 遲思焚筆硯　長此息丘園
> 異域干流落　鄉心未忍言
> 此得目疾半年以來第一次做此細畫也
> 吾子杰四兄以為似往昔否
> 丁酉十二月，弟爰

那一年張大千罹患眼疾，文中可看出他一度意志消沉到想要棄筆，他向這位在題識內提到的子杰訴說內心話，顯見他們彼此之交誼深厚。這位被張大千稱為四兄的是郭有守，他字子杰，是北大的高材生，北大校長蔡元培相當欣賞他，曾先後在法國巴黎大學、英國劍橋大學深造，他精通多國語言，在當時的留學生圈子裡相當活躍。郭有守曾經擔任四川省教育廳廳長，聯

合國教科文組織專員、中華民國駐法大使館文化處參贊等職。這次在佛陀紀念館展出的作品，有一半都是來自郭有守的收藏。郭有守是當年張大千跨向歐洲的一位最重要推手。

　　郭有守曾經成功地引薦張大千在巴黎的博物館舉辦畫展，他也陪伴張大千在歐洲四處參觀遊歷。這次張大千書畫展中的〈瑞士瓦浪湖〉是張大千在瑞士所作的精采寫生作品，他題記寫道：「和子杰四弟同遊為寫此圖留念」。另一幅〈雪杉〉是張大千在歐洲所畫的小品，留白的技法和淡墨的處理都很值得玩味，有趣的是，張大千在畫面上寫道：「瑞士看雪捻此調子杰，時子杰攜有佳人。好景無能說……。療饑餐秀色，滯留未能嫌。多住幾天吧子杰。」他調侃郭有守，你都已經帶妹出來了，就何妨多留住幾天吧，從這些地方都可以看得出來張大千和郭有守兩人知心程度。張大千在歐洲嶄露頭角時，也和畢卡索會面蔚為佳話，當時協助張大千拜訪畢卡索的就是郭有守女兒的男朋友。

　　郭有守的老婆家世背景特殊！他的岳父是楊度，此人曾和孫中山就中國革命問題辯論三天三夜，他反對孫中山的革命觀，但是他介紹了黃興給孫中山認識，孫、黃二人後來成了最佳革命拍檔。楊度在民國初年一馬當先籌組「籌安會」擁護袁世凱稱帝，後來又在上海投靠黑道大頭目杜月笙，然後又成了共產黨員，這位政治變色龍的女兒

楊雲慧嫁給了郭有守。

　　張大千年長郭有守一歲，當張大千旅居巴西時，郭有守還多次前去探望，兩人的濃厚情誼在1966年嘎然而止。那一年發生了一件大事，不過這事件還有很多謎團需要海峽兩岸更多解密資訊才能釋疑。當時郭有守是中華民國政府駐比利時的外交官，但他突然出現在瑞士的中共大使館和情報人士會面，被瑞士當局監聽，郭有守一出中共大使館就被逮捕，在那時候國際上反共的氣氛還是濃厚的，郭有守因從事間諜活動要被驅逐出境，瑞士當局詢問他要去那裡？他選擇了法國。

　　當郭有守被捕的第一時間，台灣當局並不清楚，等到消息傳到台灣後，台北當局出動在歐洲所有的情報人員和外交人員要把郭有守搶回來，不過，郭還是選擇隨同大陸人員回去北京。國民黨對外說郭遭到大陸「脅持」，而中共方面則指郭是「起義來歸」，1966年4月8日，郭有守在北京《人民日報》發表〈起義聲明〉，宣布與台灣方面脫離一切關係，並當上全國政協委員。

　　郭有守事件發生後，張大千派他的兒子張葆羅趕赴歐洲，抵達時不但郭有守已經離開，同時郭有守擁有的張大千作品也都不見了，因為當台北當局發現郭有守竟然是中共的間諜後十分震怒，郭有守的財產也都沒收充公，台北當局取得的張大千作品全部移交給教育部，教育部又撥交給國立歷史博物館，依據史博館的資料，撥交的畫作中十幅上款是郭有守，五幅上款是他人，無上款的畫作有一百零九張，其中一幅是屬他人財產因此歸還，這一百零八件作品是張大千寄存在郭有守處準備辦畫展使用，張大千後來去函史博館表示全部捐出，這就是國立歷史博物館有張大千一百二十三件精品作為基礎典藏的原因。而張大千從此不再去歐洲了。所以有人評論張大千進軍歐洲，成也郭

上圖｜
張大千將67歲自畫像贈予郭有守

右頁圖｜
郭張二人在巴西「八德園」筆塚前合影

有守，敗也郭有守。

　　郭有守當年最重要的任務就是要策動張大千回去中國大陸，但張大千都拒絕了，我看到有資料顯示，兩人為此還有過激烈爭論！張大千後來曾經發表〈聞郭有守變節〉的詩：「竟為妻子累，遂作死生分⋯⋯。」他認為郭有守是受太太影響而被牽連了。

　　在郭有守間諜身分曝光的前一年，張大千重遊比利時和郭有守見了面，郭有守向張大千索取一幅自畫像，畫畢，張大千如此題識：「還鄉無日戀鄉深，歲歲相逢感不禁。」文末感嘆兩人年紀都大了，「具垂垂老矣，執筆慨然。」郭有守的內心深處或許煎熬更深。

　　因為郭有守回到大陸後不久，文革開始，郭有守雖然因周恩來的關照沒有被打成黑五類，但也惶惶不可終日，郭有守曾問太太楊雲慧：「你們多年來就是過的這種日子嗎？」幾年後他因腦溢血而亡。

　　張大千如果當年被郭有守策動回去中國大陸，會有何下場？不知道你和我想法是否一樣。（原文刊載於《藝術收藏＋設計》雜誌 2016年9月‧108期）

【拾肆】

# 沒上過學的書法家

　　從2009年開始到2016年，有一位書法家進行了可謂史上規模最大的書法展，因為巡迴展出的國家有二十五國，展區有七十四個，參觀人數很快就高達三百萬人，並且還在累積中。這位魅力超強的書法家的名字叫做李國深，沒聽過？通常大家都尊稱他為「星雲大師」。

　　星雲大師是一位從沒有受過正式教育的書法家，但

他卻因為書法讓他寫出了一所大學！1980年的某一天，在
台北市民權東路的普門寺舉行梁皇寶懺法會，星雲大師見
到寺內桌上有筆墨紙硯，一時興起就提筆寫字，突然一位
信徒走來塞了一個10萬元大紅包給星雲大師，說是表達一
點心意，大師嚇了一跳，連忙追回該信徒，要把紅包退回
給他，兩人彼此在現場你推我拒，當星雲大師推辭不掉之
際，眼睛一瞥他剛寫完的字「信解行證」，於是他就拿起
送給信徒，以表禮尚往來。結果這位信徒興高采烈地向其
他人炫耀他有大師的墨寶，這下現場四百多位信徒都爭先
恐後地索寶，許多人也拿出10萬元紅包表達心意，就這樣
兩天之內，星雲大師寫了幾百分書法，然後「吸金」數千
萬！這應該是現代書法史上前所未有的熱潮。

　　星雲大師是一位出家人，沒地方花錢也從沒擁有過這
麼多錢，靈光乍現，他找來在洛杉磯負責籌辦西來大學的
慈莊法師，並告訴他：「建校基金有著落了！」美國歷史
上第一所由華人創辦的大學於焉誕生。

　　2016年7月底，星雲大師接受我專訪時，談到設立西來
大學的目的，他說：「以前都是西方人興學栽培中國人，
我想中國人也應該回饋吧！」短短的兩句話，聽似風輕雲
淡，但其中大宗教家的感恩情懷和豪情讓人深刻難忘。

　　〈南無阿彌陀佛〉是1964年的作品，也是目前可找到
星雲大師最早的墨寶。款落江都，那是他江蘇的故鄉，大
師出家時年僅十二歲，署名「今覺」是他出家時志開上人

左頁圖｜
星雲大師接受筆者訪問

左圖｜
民國52年星雲大師在印度
新德里

右圖｜
筆者在電視介紹星雲大師
民國53年的作品

給的法名。星雲大師最早寫書法的目的是用來「裝潢」。因為六十年前星雲大師曾經在宜蘭的雷音寺負責寺務，當時他花了很大的心力讓這間小寺廟重新改建，完工後卻無財力裝修內部，於是他去買了招貼紙，寫上佛語，貼在牆上，以求美觀又可開悟人心，每隔一段時間他就寫一些，進行更替。這是除了他甫出家時習佛練字外，比較大規模寫書法的開端。星雲大師前後在宜蘭住了二十六年，不過在他剛到台灣時，曾歷經不知能否見到明天太陽的險境。

星雲大師生長在烽火連天的對日抗戰時代，當大陸逐漸赤化時，他曾和其他僧人被中共軍人找去盤問是不是「國特」（國民黨特務）。1949年，星雲大師隨僧眾救護隊到了台灣，結果有謠言說共產黨派了五百個和尚到台灣來，於是當時才二十七歲的星雲大師和著名的慈航法師等多人，都因有間諜之嫌被警察逮捕，集體被關在桃園的一座倉庫裡。當時餓到不行的星雲大師向看管的警察要東西吃，那人給了他一碗麵，大師回憶說那是他這輩子吃過最好吃的麵！當時前國民黨主席吳伯雄的尊翁吳鴻麟，以及孫立人將軍的夫人孫張清揚等多人介入營救，星雲大師等人睡在倉庫地板二十三天後脫險。自此星雲大師和吳伯雄

左圖｜
助手以煮麵的筷子協助大師寫書法

右頁圖｜
星雲大師21聯屏書法二十樂

家族有了深厚情誼，星雲大師也常去探望孫張清揚，1993年5月，孫清揚捐贈住所土地改建成新道場，在1997年完工，即現在的佛光山永和學舍。當年提供麵條讓大師充飢的警察後來也出家了。

　　我訪問過很多人，但只訪問過一位我的老師，那就是星雲大師，他是我唸東海大學時的老師。2016年是佛光山開山五十週年的紀念，佛陀紀念館舉辦了星雲大師一筆字的展覽，我去專訪星雲大師，那也是二十多年來第二次訪問老師。在大陸曾經有信徒以200萬人民幣去買一張大師的書法，兩岸三地的拍賣公司也常有他的墨寶拍品，當我請教大師如何看待坊間有許多他的書法贋品，星雲大師說他不計較，只要字寫得好就行了。佛陀紀念館的一筆字展覽讓我印象深刻之一的是，展出內容有許多是大聯屏作品，甚至有前所未見的二十一聯屏！這是很耗體力才能產出的作品，而星雲大師今年已經九十歲高壽了，我看了之後既感動也感傷，因為大師的眼疾已很嚴重，我訪問他時很明顯地發現他看不清我的臉孔。

　　附圖的兩幅〈善因妙果〉分別是在1998年和2015年完成，正好是大師生病前後的作品對照。所謂的一筆字基本上就是星雲大師在眼疾之後所獨創的書法，大師的視網膜剝離，雙眼視力模糊，所以書寫時必須一筆完成，不能間斷，在創作過程中，由法師拿著煮麵的長筷子，點出應該

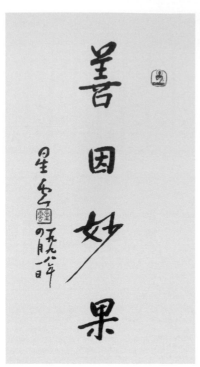

星雲大師眼疾前後的作品對照

要下筆的地方，協助大師掌握間距，另一位法師則必須流暢地拉紙，我常覺得這樣一氣呵成的作品，若無高深修行和佛祖引領，如何完成？

「眼內有塵三界小，心中無事一床寬」是一筆字展覽中一幅我很喜歡的對子。

星雲大師曾被當局逮捕，但他從未因此怨懟。

醫生說他因糖尿病導致的眼疾，已經無法治癒，結果他仍然瀟灑地寫出一筆字，藉由筆墨弘法。大師的糖尿病極可能是因為過去飽受三餐不繼之苦而種下病因，但在大師的大器堅持下，佛光山在海峽兩岸的道場寺院都不收費（大陸寺廟門票貴得嚇人！）

星雲大師孩童時，貧苦的環境讓他連鉛筆也沒見過，他卻能在海內外創設五所大學，完成百年樹人之功。

老師生長在什麼都沒有的環境，卻身體力行弘法告訴大家，有信念什麼都可能。我以老師為榮，祝福大師古柏長春，壽高百歲。（原文刊載於《藝術收藏＋設計》雜誌2016年10月，109期）

# 茶與生活卷

中國茶文化有千年歷史

台灣茶卻首登國際博覽會

英國女王沒喝過的東方美人茶

越來越紅，一口茶價值五百元

【壹】

# 就是不要純喫茶

　　自幼喝茶必備茶食，長輩也再三告誡不要空腹飲茶。所以日後朋友若招待喝茶，只是純喫茶時我偶爾會坐立難安，因為茶會刮胃。許多朋友捨新茶喝老茶，目的是為了顧胃，其實只要是茶都會刺激胃部，不論新茶老茶都最好有茶食相配，中外自古皆然，可惜最近這二十多年來，台灣和中國大陸有人喝茶時在乎的是價格（覺得越貴越好喝）。

　　不久前，同樣是媒體出身的茶達人池宗憲兄，傳了一則訊息與我分享，並感慨當今名嘴可以張飛打岳飛！因為有名嘴在電視節目上引用法門寺出土的金銀器對唐朝喝茶的方式侃侃而談，並說茶在銀鎏金龜形盒沖泡後倒出飲用，我打趣地說，大概這位名嘴的手是抗高溫的，才能捧

小笹的羊羹像藝術品

江戶風味的櫻餅

小笹的店面只有一坪大

京都老松的椿餅

小笹的羊羹

小笹的羊羹

著這銀鎏金龜形盒倒茶！

其實唐朝喝茶的主流方式是用煮的，唐人先是將茶餅烘烤變軟，然後輾磨成碎末，再放進釜中烹煮，並且加入鹽巴調味，再分茶至茶碗飲用。那銀鎏金龜形盒是用來盛裝輾好的茶葉末的。唐以及更早時，中國人喝茶是將蔥、薑、棗、桔皮、茱萸、薄荷等配料同茶放在同一容器中煮成茶粥後食用。這種食用茶粥的方式延續很長一段時間，不過被譽為茶聖的陸羽不欣賞這種飲茶模式。現在雲南有些少數民族香會把糯米、花生、麻子、花椒放在罐中烤過，再投入豬油，並不斷烘烤攪拌，使罐內油、米相融後再投茶入罐，然後注水煮沸倒出飲用。

台北故宮所藏〈蕭翼賺蘭亭圖〉畫的是蕭翼向老和尚袁辯才索畫，一旁二名僕人正在煮茶，不是泡茶。故宮的另一幅名畫〈唐 宮樂圖〉描繪的是宮廷仕女坐長案娛樂飲茗。畫中共有十二人，有趣的是長案正中置一大茶海，茶海中有一長炳茶勺，一女正拿著勺舀茶湯於自己茶碗內，就好像舀粥一般。

小笹的羊羹

新疆出土的唐朝糕點

新疆出土的唐朝點心

日本人從中國唐朝輸入茶，但是日本飲茶模式受宋朝影響最大。喝茶備和果子的傳統在日本的茶道中一直是重要的一步，依照程序一定是先吃和果子再品茗。而日本的和果子就是從唐果子演變而來。唐果子和茶差不多同時期傳進日本，當時是以米粉和麵粉等的粉類加上有甜味的甘葛汁進行揉捏，做成水果形式的點心。

1972年在新疆吐魯番出土一批已經風化千年的唐朝食品，除了有水餃外，還有精緻多樣的糕點，讓人看了目瞪口呆。這些出土文物也證明唐朝很多點心是受西域民族的影響。「畢羅」是一種胡人的餡餅，一度在唐朝十分風行，而晚唐的一位官員韓約，他家的「櫻桃畢羅」已經創新到當餡餅蒸熟後QQ透明的粉皮內，作為餡料的櫻桃居然顏色不變如鮮！讓人看了垂涎欲滴。唐朝有一本書《仙雜記》專門紀錄古人逸事，其中提到唐玄宗天寶年間楊貴妃的姐姐虢國夫人的家廚鄧連，以吳興進獻的糯米為原料，蒸成米飯，再搗成糍粑，包入豆沙餡而製成新的食品，也就是現在司空見慣的紅豆沙，當時還取了一個特別的名稱：靈沙臛，成為唐代長安官家流行的著名食品。

大詩人王維的〈春過賀遂員外藥園〉有這麼兩句：「蔗漿菰米飯，蒟醬露葵羹」證明昂貴稀少的蔗糖在唐朝

上圖｜
蕭翼賺蘭亭圖

右頁圖｜
唐人 〈宮樂圖〉

已經開始使用，而「蔗漿菰米飯」我猜有些像今日的椰汁西米露吧，至於「蒟醬露葵羹」是啥玩意，就還要考證了，不過，當年的點心原料總應該是生機的吧？宋朝的陸游在〈聽雪為客置茶果〉寫道：「不飣栗與梨，猶能烹鴨腳」，有些人以為陸游是把滷味鴨腳拿來配茶，其實他指的是銀杏，因為銀杏樹葉似鴨掌狀，所以古代文人常以鴨腳來形容銀杏。不過，這也再次說明宋人飲茶是有花生、瓜子堅果類的茶食。

由於唐果子對日本人是極為珍貴的，因此初期製作這些點心都是用於祭祀供奉，後來再有更多的貴族食用，尤其與飲茶文化息息相關。現在日本的包子、羊羹、米粉

銀鎏金龜形盒

糕、落雁、月餅、水豆粉等小點心都是來自中國的舶來品。江戶時期日本的和果子出現兩大主流，一為京都為中心的「京果子」及江戶（今東京）的「上果子」，這種競爭態勢反而使得和果子產業更加興盛，尤其是西風東漸，西式甜點製作技術的輸入，對日本和果子更具蓬勃發展的動力。當我們都已經不知道古代中國人吃啥點心時，日本的和果子不但和茶道緊緊依偎千百年，同時製作和果子的日本師傅不僅堅持手工製作，更依時令而有不同的變化，強調和大自然有關，日本的和果子文化已經是我們遠遠無法比擬的。

　　英國曾有一家連鎖超市調查發現，英國人喝茶都會配餅乾，但是卻有地域之分。蘇格蘭地區多數人喜歡配「英式奶油酥餅」，英格蘭北部的人喜歡吃卡式達或威士忌奶油餅乾，而英格蘭東北的人喜歡配上長方巧克力餅乾，並且要把餅乾放在熱茶裡泡軟了再吃。在倫敦，當地人喜歡吃威化餅乾配上熱奶茶。土耳其人和伊朗人喝茶最兇，每人平均一天喝六杯到十杯茶，但他們喝的是全發酵的紅茶，而且一定加上大量的糖，減少了茶的寒性，通常也是在飯後喝茶，不像台灣很多人空腹喝茶。

　　每天一早日本東京吉祥寺的「小笹」門口就排著長龍，客人只有羊羹和最中餅（相當於紅豆餅）兩種選擇，「小笹」的店面營業面積只有一坪大，一年營業額新台幣1億元！排隊的中國人無意識，也絲毫不計較唐朝的甜點早已被拋在滾滾的歷史沙塵中。（原文刊載於《藝術收藏＋設計》雜誌2016年11月，110期）

【貳】
# 當了「一口」國王

民國93年得獎茶的特殊
包裝也是絕響

這些年，常有人說普洱茶是可以喝的古董，依此推論，台灣的東方美人茶就是可以喝的當代作品。台灣茶目前價格最貴的就是東方美人茶，眾人都說這名字是英國女王取的，我去了產地一趟，喝了一肚子好茶，也得出一個結論，「東方美人茶」這名稱是掰出來的。

新竹縣的北埔鎮是一個人口不及一萬人的小鎮，新竹縣每年夏、冬兩季在這小鎮舉行的東方美人茶比賽，它的規模和重要性，以及特等獎的市場價值都超過全國性的比賽，其中最重要的是夏季比賽。前幾年，特等茶已經賣到一斤25萬元，但是2015年的特等獎的茶，一斤漲到42萬元。台灣民眾對東方美人茶是耳熟能詳，可是2016年7月我去北埔採訪時，當地的農會幹部和茶農及民眾看到我出現，一臉訝異，我還以為是我長得嚇人，結果是從沒有全國性的電子媒體去採訪過他們，也沒有資深的主播願意深入去了解這全世界唯獨台灣有的茶是如何形成的。所以我的國寶檔案節目就成了有史以來，前往採訪的最大規模電視團隊。

普洱茶的拍賣已經行之多年，台灣茶的正式大規模拍

賣，應該是從2013年台北的安德昇拍賣開始，東方美人茶是其中的一個要項。2015年台北沐春堂的拍賣中，所有的台灣茶拍品全部賣光，因為我是當時的拍賣官，所以印象極為深刻，經過側面了解所有拍品買家是同一個人，一位喜歡台灣茶的大陸藏家，一位朋友說，這位買家聰明，因為平均價格計算，光是東方美人茶他的買價就比市面比賽茶的價格便宜多了，這引起我的好奇，到底比賽是在比什麼？

那天我在北埔發現比賽成績是由一群「出家人」所完成的。因為由台灣茶業改良場的專家所組成的評審隊伍，在五天比賽期間中，為保持味蕾的敏銳度，不能抽菸喝酒，不能沾碰辛辣食物，也必須有充足睡眠休息，才有體力進行長時間的評審，簡直就是禁慾齋戒沐浴後才能上工。

東方美人茶是烏龍茶的一種，也是半發酵青茶中，發酵程度最重的茶品，依照台灣茶葉改良場公布的發酵

左圖｜
一口500元的特等東方美人茶出爐了

右圖｜
評審一天要喝320杯比賽茶

右頁上圖｜
一條龍的東方美人茶

右頁下圖｜
一條小龍的禮盒

度為60％，新竹苗栗地區茶農所製的發酵度則多達75％至85％，使兒茶素幾乎一半以上半氧化，不會產生所謂的「臭菁味」，且不會苦澀。主要產地在台灣的新竹、苗栗一帶。適合製作東方美人茶的茶種有「青心大冇」、「白毛猴」、「台茶15號」、「台茶17號」，其中以「青心大冇」品質最佳。有趣的是，很多人搶著收藏這種貴森森的茶，原來是廢品。

東方美人茶品質好壞的重點在原料茶菁，而茶菁好壞的關鍵在於是否有足夠的小綠葉蟬吸允，小綠葉蟬原來對茶樹是一種害蟲，吸允之後，茶葉子會慢慢枯萎，長出白毫，因此傳統上不能製茶，北埔一代的客家人天性節儉，就將這些不堪用的廢品收集起來做茶賤賣。在日據時代，有人（應該是一位姜姓人士）將這種茶運到北部大稻埕，結果因為小綠葉蟬的吸允產生的酵素，使得這種茶香

氣格外淡雅甜美，因此賣得好價格，回鄉後沒人相信他的說詞，於是說他是膨風，膨風在客語和台語都是吹牛的意思。沒想到，也因此開啟「膨風茶」一詞，最後成為台灣最高價的茶。

由於東方美人茶比賽源起北埔，因為譽滿天下，所以參賽的人越來越多，一旦得獎就是魚躍龍門，凡是年滿十五歲且設籍於新竹縣實際從事茶葉產、製及銷售人員，都可以報名，參賽者的茶葉以點數為計算方式，報名點數不限，但每點以十二台斤為限。以去年的價格一斤42萬計算，而且幾乎是秒殺，比賽後馬上被茶商和藏家買光。

東方美人茶的採收必須在炎夏6、7月，農曆芒種至大暑間，即端午節前後十天，因為小綠葉蟬吸食茶樹嫩芽，一般稱為「著涎」，有趣的是隨著地區氣候變化，這些小蟲子會搬家，人類無法控制它的動向，所以小綠葉蟬不見得只會在新竹北埔鄉和峨眉鄉出沒，所以在北埔比賽的茶葉產地，有可能是苗栗或桃園甚至新北市，2011年桃園縣政府首次舉辦第一屆「全國東方美人茶比賽」，但還是無法與老牌的北埔比賽較勁，儘管評審可能完全相同，但是北埔的特等茶價格遠遠高於其他地區。

維多利亞女王生前東方美人茶還沒問世

雖然東方美人茶的滋味獨一無二，但我一點都不羨慕那些評審，因為我訝異地發現，他們一天要喝上三百二十杯，連喝五天才篩選出名次，雖然他們都不喝下肚，但他們要對每一杯參賽茶的外觀、水色、香氣、滋味逐一評比，對他們的口腔肌肉、體力、腦力都是一大考驗，這簡直是一樁自虐的工作！

原來這白毫烏龍最通俗的名稱是膨風

茶，但這些年名氣最響亮的稱呼卻是東方美人茶，我隨機採訪，從官員、茶業專家、茶農、茶商、地方人士甚至Google上的資料，絕大多數都說，東方美人茶的名稱來源是有人送給了維多利亞女王（Queen Victoria）喝，她回味無窮之際，探詢了解了這是來自東方的茶，所命名這種茶為東方美人茶。但沒一個人可以拿出真憑實據證明這故事的真實性。

當我了解北埔當地茶農生產膨風茶有四代歷史後，即可明白這傳說是掰的，因為維多利亞女王生於1819年，過世在1901年，而膨風茶是在1930年代才開始生產，維多利亞有生之年是喝不到這好茶的。維多利亞女王過世時，日本人在台灣開創的茶改場都還沒成立呢。還有人對我闢謠，說其實是伊莉莎白二世在二戰前命名的，結果越扯越穿幫，因為雖然洋行曾經在二戰前（即日據時代）將台灣烏龍茶賣到英國去，但是伊莉莎白女王直到1953年（民國42年）才登基，而且1950年初，英國就與中華民國斷交，承認中華人民共和國。

又有人指出，其實是伊莉莎白在1960年代去參觀世界食品大賽時喝到膨風茶才命名的。這也是不打草稿的說法。世界食品大賽英文的簡稱是Monde Selection，的確是從1961年開始，但是比賽地點不在英國，是在比利時，只要繳錢你就可以參加（論件計費），其中茶製品獲獎的曾經有日本、韓國就是沒有台灣！英國也沒有任何女王命名他國茶品的官方紀錄。去詢問英國的茶專家和歷史學家，沒有人聽聞過台灣坊間的這些說法。

依照客委會公布的資料，在民國72年（應是民國69年），新竹縣地方人士在前副總統謝東閔先生去新竹縣巡視時，還主動請謝副總統為膨風茶取個名字好宣傳，於是謝副總統命名為「福壽茶」，還沿用了一陣子。新竹峨眉鄉

一位明星級的茶農徐耀良告訴我，一位以前新竹縣主祕（他一時也說不出名字）在一次和記者聊天時，自己隨口說了有關維多利亞女王命名的故事，結果記者們文抄公，有聞必錄下開始傳播。因此，東方美人茶的品質無庸置疑，但這名稱來源絕對是膨風。有趣的是，北埔地區的人士喜歡使用「膨風茶」的名稱，而峨眉鄉的茶農大力鼓吹使用東方美人茶的稱呼，所以在北埔比賽的得獎茶，其包裝罐上兩面各印製了這兩種名稱，以符各自所需。

一旦有了收藏的市場，東方美人茶的產品就有多元發展，好比有所謂東方美人茶的一條龍，就是每年得獎從特等獎到頭等十，共十一罐的得獎東方美人茶。還有所謂的小龍。今年一條龍價格約60萬，大龍一瓶150克裝，小龍一瓶只有10克裝。有些人每年買一條龍，不喝純收藏也算一種趣味。

回到北埔決賽現場，評審經過五天的馬拉松品評，終於決定名次，以往特獎得主都是那幾位被譽為明星級的高手茶農獲得，2015年夏茶比賽迸出一匹黑馬，由年輕的茶農曾攸賢一舉奪得特等獎及三個頭等獎，成為最大贏家。這讓我十分訝異，因為一位非常認真四處找茶、試茶的茶商朋友在比賽前告訴我，他認為曾攸賢脫穎而出的機率很高，所以比賽前就在他家泡磨菇到半夜，言明若獲得特等獎由我朋友全包下來。朋友和曾悠賢分別都告訴我，都是因為他的茶園有大量小綠葉蟬充分吸允嫩芽的結果，這真是既要努力栽培又要靠天上掉下來的禮物才行的事業。

每位評審五天將上千杯的茶湯在口中輕涮，雖然品評出高低，但一滴也沒下肚，我全場掌握報導，於是近水樓台先得茶，名次決定後，我立即拿起特等茶仰頭一飲而盡，覺得自己像國王，因為一旁的茶改場場長告訴我說，那一小杯就價值500元！（原文刊載於《藝術收藏＋設計》雜誌2017年1月・112期）

【參】
# 從四萬到千萬的滋味

現在台灣比賽茶通常獎項分類是特等獎＞頭等排名＞頭等獎＞貳等獎＞參等獎＞三朵梅＞二朵梅，得到名次的當然價格水漲船高，如果是一百年前得獎的茶，你願意花多少錢買呢？

在發生世界性第一次石油危機的民國60年代，台灣茶的外銷進入冰河期，1976年當時的茶改場場長吳振鐸靈機一動，開始舉辦凍頂烏龍比賽，也因此帶動了台灣茶的

戴忠仁的國寶檔案

台灣勸業共進會的展場之一是現在的國立歷史博物館

內銷需求，台灣茶業自此出現從外銷轉變成連內銷都不夠的結構，台灣茶的比賽從那時開始沒停過，也到處繁殖發展。吳振鐸被譽為台茶之父，這位從大陸來台灣的「外省人」，其人生主要的精華時光都在為台灣茶業發展努力。我揣測他進行台灣茶比賽，是受到日本人曾在台灣舉辦的一場博覽會所啟發。

1916年，當時日本已經殖民統治台灣二十年了，不過，絕大多數的日本人還是認為台灣是一塊蠻荒之地，當時的日本總督安東貞美想完成兩項任務，一是讓本土的日本人有意願來台觀光，二是促使日本人有誘因移民台灣，於是他舉辦了一場規模盛大的博覽會，當時的名稱為「台灣勸業共進會」，展品來自台灣、中國、香港、日本及當時的日本其他殖民地，其中茶就是當時參展的重要展品。

有一個我目前無法證實的說法，當時參展的茶有進行比賽，獲得金牌獎的是木柵茶農張迺妙。我沒看到過得獎的金牌也沒閱讀過當時博覽會上有茶比賽的史料，但台

左圖｜
筆者拿的正山小種就是紅茶的鼻祖

右圖｜
油紙包的正山小種是當年英商德記洋行所經手進出口的

右頁左圖｜
1916年台灣勸業共進會的紀念銅牌

右頁右圖｜
1916年的台灣老茶是最早參展的台灣茶

灣茶有參展毫無疑問，而且我還喝到了其中一款茶。朋友
保留的這個茶還附有一塊銅牌，但上面是參與台灣勸業共
進會的字樣，而非得獎名次。這茶葉在沖泡前，我曾經和
其他的老茶相比較，明顯得看出來是經過仔細篩選去參展
的，沒有粗梗，茶形都很好，沖泡後口感順純，我認為比
很多所謂號字級普洱的品質都要好上許多。這正好有一百
歲的老茶，印證了所謂的老茶如果當年原料和製茶水準
不好，時間歲月只會銳減品質不會加分。一百年前台灣這
場最早的國際性博覽會有三個主要展區，分別是：台灣總
督府（今總統府）、台北新公園博物館（今國立台灣博
物館）、台北植物園物產陳列所（現在的國立歷史博物
館）。展出的用心和規模，可以想像當年能夠出列的展品
其水準之好。

　　有一次在採訪過程中，我突然心有旁鶩，因為主人桌
案邊的一桶茶，桶上有模糊的字跡「小種」不斷「挑逗」
我，我索性轉變話題起身去拿這桶茶訪問主人。是茶專家

的主人說那是「正山小種」。那也正是我個人偏好的茶之
一。

　　桶內裝的是一包包以油紙包裝的「正山小種」紅茶，
這桶茶我左看右觀還真讓我看出一些名堂。首先要提的是
「正山小種」是現在全世界熟知的紅茶鼻祖，它的產地在
現在福建省武夷山市桐木村，茶葉呈黑色，條形緊索，茶
湯有特別的桂圓味，這味道的形成有一傳說。一支軍隊從
江西進入福建過境桐木村，占駐茶廠，使得茶農無法及時
炭火烘焙茶葉，茶葉產生了變化，待軍隊離開後，茶農為
挽回損失就近取松木烘焙煙燻，因此特有的松香味產生了
類似桂圓乾的滋味和氣息。而荷蘭人在明末開始將這種茶
帶進歐洲，使得歐洲人上層社會迷戀不已，這也是紅茶流

行的開始。著名的大詩人拜倫在《唐璜》中如此寫道：

I feel my heart become so sympathetic,

That I must have recourse to black Bohea.

Tis pity wine should be so deleterious,

For tea and coffee leave us much more serious.

我的心此刻如此脆弱傷感，

武夷茶成為我的依靠。

酒總是讓人沉淪，

唯茶和咖啡，才能給我們更多的自覺。


詩中的Bohea就是武夷，拜倫這首敘事詩「唐璜」的寫

作年代是1818至1823年間，也就是在嘉慶到道光年間，正山小種的紅茶早就是歐洲貴族的生活必需消費品，才會成為拜倫信手捻來的題材。這種茶在當地最早稱為「烏茶」，這也就是輾轉成為西方人稱紅茶為Black tea的來源。

附圖照片的長方形馬口鐵密封包裝，是典型當時福建出口的包裝，但文字是全中文，所以市場應以當時的台灣或東南亞的華人或日本人為主。而上面的德記正是那時赫赫有名的德記洋行。油紙包上和馬口鐵桶上的文字說明都一樣是「武彝小種每包四兩」，據此可以判斷這桶茶的年代至少在民國初，而在清末的可能性較大。原因是使用「武彝」而非「武夷」，這是年代更早的用法。另外，有小種但是沒有「正山」二字，是因為小種紅茶原來只是武夷茶眾多系列中的一小支，加上有煙燻味道也不是中國人傳統喜愛的清雅之風，所以桐木村的紅茶原先並不出名，是拜老外之賜，使桐山所生產的紅茶闖出名號，外銷有利可圖下，開始有魚目混珠之貨，所以「正山小種」這樣標榜正宗產地的名號應運而生，而「正山小種」這樣的名稱，是在民國成立之後才開始於市面出現並陸續普遍使用。

喝過好的正山小種紅茶，對於那醇厚的味道應該難以忘懷，現在台灣無法合法進口原產福建的正山小種，在國外和中國大陸現在也不容易喝到好的正山小種，主因之一是沒有足夠的松枝可用來煙燻，因為桐木村附近的松林都因開發而殆盡了。

朋友在接受採訪那天慷慨的撬開木箱，取了一些清朝末年的老茶泡給我喝，一些朋友看了甚為羨慕，尤其在知道那箱老茶曾有拍賣公司前來徵集，並估價1000萬台幣，眾人都說好想喝一杯喔。那木箱有「萬芳」兩個大字，當時的人非常節省，木箱因使用出現裂痕後，還以鐵環箍

住，我遍查資料，最後才發現萬芳茶莊在彰化市的一條老街內，但是僅存一面紅磚牆和泥塑的店招，無人留心它過去的風華和企圖保存這單薄的記憶。

其實我很怕在採訪時喝老茶，因為只要有所謂的「陳味」和「倉味」，基本上我個人就認為那茶已經變質到不堪飲用，那些好聽的術語對我是起不了作用的。結果那泡「萬芳」的老茶，喝起來是可以接受的特殊藥香，因此順理成章的續杯了。完成採訪後的一段時間，我持續追蹤茶的來源，結果發現茶主人是向我一位朋友買的，而我朋友是被另一位商人促銷的，原因是幾年前那商人四處蒐購了幾箱老茶後，開價一大箱4萬元新台幣，但是乏人問津，連專門賣茶的茶行也沒興趣，現在可不同了，拍賣行找上門估天價，我又登門採訪，結果一堆人現在爭著要買。

看官們，同一個木箱的茶，你覺得4萬一箱的滋味和1000萬一箱的滋味哪個較好？（原文刊載於《藝術收藏＋設計》雜誌2017年2月，113期）

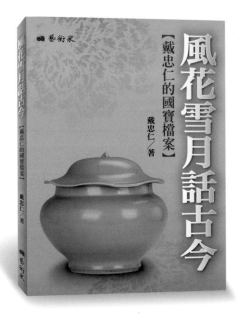

戴忠仁著《風花雪月話古今——戴忠仁的國寶檔案1》封面書影

國家圖書館出版品預行編目資料

從四萬到千萬的滋味：戴忠仁的國寶
檔案2／戴忠仁 著.--初版.
-- 臺北市：藝術家，2017.05
192面；17×24公分.--

ISBN 978-986-282-194-7（平裝）

1.古物 2.文集 3.中國

790.7 106005882

# 從四萬到千萬的滋味

## 戴忠仁的國寶檔案 **2**

戴忠仁◎著

**發 行 人** 何政廣
**主 編** 王庭玫
**編 輯** 洪婉馨
**封面設計** 張娟如
**美 編** 王孝嫄、吳心如
**出 版 者** 藝術家出版社
　　　　　台北市金山南路（藝術家路）二段165號6樓
　　　　　TEL：（02）2388-6716
　　　　　FAX：（02）2396-5708
**郵政劃撥** 50035145 藝術家出版社

**總 經 銷** 時報文化出版企業股份有限公司
　　　　　桃園市龜山區萬壽路二段351號
　　　　　TEL：（02）2306-6842
**南區代理** 台南市西門路一段223巷10弄26號
　　　　　TEL：（06）261-7268
　　　　　FAX：（06）263-7698

**製版印刷** 欣佑印刷股份有限公司
**初 版** 2017 年 5 月
**定 價** 新臺幣380元

I S B N 978-986-282-194-7